U0484839

博物馆 · 特色藏品

王室至爱

格林尼治皇家博物馆百件藏品

[英] 罗伯特 · 布莱思　编著

马婧　译

中国科学技术出版社

· 北　京 ·

图书在版编目（CIP）数据

王室至爱：格林尼治皇家博物馆百件藏品 /（英）罗伯特·布莱思编著；马婧译 . —北京：中国科学技术出版社，2024. 7. —（博物馆·特色藏品）.
ISBN 978-7-5236-0822-7

Ⅰ. K86

中国国家版本馆 CIP 数据核字第 2024FS6834 号

著作权合同登记号：01-2024-2693

策划编辑	王轶杰
责任编辑	王轶杰
封面设计	中文天地
正文设计	中文天地
责任校对	焦　宁
责任印制	李晓霖

出　　版	中国科学技术出版社
发　　行	中国科学技术出版社有限公司
地　　址	北京市海淀区中关村南大街 16 号
邮　　编	100081
发行电话	010-62173865
传　　真	010-62173081
网　　址	http://www.cspbooks.com.cn

开　　本	710mm × 1000mm　1/16
字　　数	160 千字
印　　张	14.25
版　　次	2024 年 7 月第 1 版
印　　次	2024 年 7 月第 1 次印刷
印　　刷	北京博海升彩色印刷有限公司
书　　号	ISBN 978-7-5236-0822-7 / K · 401
定　　价	138.00 元

（凡购买本社图书，如有缺页、倒页、脱页者，本社销售中心负责调换）

目录 CONTENTS

John Harrison & Son
A.D 1759

前言

1937 年 4 月 27 日，英国国王乔治六世和伊丽莎白王后在时年 11 岁的伊丽莎白公主的陪同下，为英国国家海事博物馆揭牌。自那时起，这座博物馆的规模逐步扩大，藏品数量也不断增加。如今，坐落于格林尼治中心的格林尼治皇家博物馆（由国家海事博物馆、格林尼治皇家天文台、“卡蒂·萨克”号帆船和王后宫共同组成）是联合国教科文组织认证的世界遗产。

要选择 100 件体现珍贵价值的藏品，对博物馆的策展人员来说极具挑战性。眼尖的读者可能会注意到，策展者额外增加了几件展品，超出了预定件数——这也说明了挑选展品的难度。这其中，有些展品闻名遐迩、享誉世界；有些展品则不为大众所熟知；有些展品是由于具有标志性意义而入选；有些展品精美绝伦。许多藏品都在博物馆里收藏了很长时间，如《伊丽莎白一世舰队肖像画》、“卡蒂·萨克”号帆船都是著名藏品，也有相当一部分是新增的。藏品数量的不断增加对博物馆来说十分重要，同样重要的是，如本书中所展示的“幕后工作”，即为后代保存文物，并对文物进行编目，以确保世人能够享受研究成果。

当然，这里所展示的仅仅是冰山一角。随着博物馆藏品数量的不断增加和价值的不断提升，未来对藏品的选择无疑会有所不同。或许下一次展品的选择已经提上日程，但在此之前，希望格林尼治皇家博物馆的珍藏能带给您极致享受。

凯文·菲斯特博士

格林尼治皇家博物馆总馆长

2018 年 1 月

介绍

格林尼治皇家博物馆藏品

格林尼治皇家博物馆的藏品类型丰富，涵盖了从伊丽莎白一世女王开启的大航海时代到 21 世纪天文学的各个主题。材料和媒介的范围从绘画、素描、摄影和雕塑到重型机械、精密计时器和纺织品。凯尔德图书馆和档案馆里保存着逾十万册图书和近六千米长的馆藏手稿。如此规模的纸质藏品在博物馆收藏的 260 余万件藏品中占很大比例也就不足为奇了。

部分藏品具有标志性地位，比如海军中将纳尔逊勋爵在特拉法加战役中穿着的外套或英国皇家海军“邦蒂”号军舰叛变事件中的遗物；另一些藏品则展示了日常生活，比如海员的服役记录或英国海滨的老照片。本书挑选的 100 件藏品体现了藏品的多样性和收藏价值，以及它们印证历史、照亮未来的重要意义。虽然这些藏品已然十分珍贵，但在参观格林尼治皇家博物馆的过程中，您还将发现更多珍宝，包括其中的建筑物。始建于 1616 年的王后宫是为詹姆斯一世的王后、丹麦公主安妮所设计的“幸福殿堂”，也是英国的第一座新古典主义建筑。这座宫殿由著名英国建筑师伊尼戈·琼斯设计，其中的郁金香楼梯极具特色，它在没有中央支撑的情况下优雅地“飘浮”着，是英国历史上的第一座悬臂式台阶螺旋楼梯。皇家天文台于 1676 年建成，是为改善海上航行状况而在克里斯托弗·雷恩爵士的弗兰斯蒂德之屋的基础上建造的。

图为英国的国家海事博物馆，
是格林尼治皇家博物馆的核心部分。

作为格林尼治皇家博物馆的核心，

国家海事博物馆在1937年开放时，就已经拥有大量藏品可供展览。格林尼治皇家海军海员医院收藏的艺术品和海军遗物自1824年在彩绘大厅展出，那里也就是后来的旧皇家海军学院，已被永久租用，为博物馆的宏大叙事和殿堂级艺术品提供核心资料。例如，威廉·特纳的作品《特拉法加战役》就是这么来的。

自20世纪20年代起，詹姆斯·凯尔德爵士就是格林尼治博物馆的忠实支持者，直到他1954年去世。凯尔德爵士为博物馆提供了很多资源。在20世纪30～40年代经济萧条和战争时期，他用自己的资产低价购买了数量惊人的珍宝，包括现有的藏品，范围涵盖了珍贵书籍和手稿、船舶模型、油画、航海仪器、地球仪，乃至成千上万的印刷品和图纸，甚至来自南美的毒箭。他所从事的慈善事业规模在当今是难以想象的，按照当前艺术市场的价格，他的贡献更是难以匹敌。由于凯尔德爵士的慷慨，上述珍品中的近四分之一都收藏在博物馆中。

尽管类似凯尔德爵士这样的大量收购现在几乎无法实现，但在当时具有重

图为格林尼治皇家天文台，以及远处的国家海事博物馆和王后宫。

要意义，帮助扩大了藏品的范围。博物馆的藏品通过多种途径获得，或来自个人或机构的慷慨馈赠；或来自某一方委托，例如，理查德·莱特为王后宫大厅设计的天花板；尽管资金有限，但仍有部分藏品来自巨额购置，例如，为保留国家重要文物而购买《伊丽莎白一世舰队肖像画》。当然，现在通常依靠遗产彩票基金、艺术基金、其他信托和基金会等机构提供资金，部分情况下还需要筹措公众捐款。有时一宗收购仅得到了一页纸而已，但有时会一同收获大量材料。例如，2017 年，英国国防部收藏的大量物品被转交至博物馆，其中许多是自 20 世纪 30 年代起租借给博物馆的，包括一件罕见的 17 世纪英联邦画家威廉·霍奇斯随詹姆斯·库克船长第二次太平洋远航探险途中的画作。对于博物馆的策展人来说，一个意外发现或一份意外礼物常常可以将旧故事和新故事交织起来讲述，与这些藏品共度一生或许也只能触及它们的皮毛。

格林尼治皇家博物馆幕后工作

格林尼治皇家博物馆致力于将藏品展现在公众面前。最新展览和藏品将不断向公众开放，更多藏品可点击 www.collections.rmg.co.uk 在线观展。当然，作为拥有海量藏品的博物馆，不可能将全部藏品悉数展出。藏品中往往包括构成重要参考依据的“保留”材料。以格林尼治皇家博物馆为例，其藏品中就有十分重要的纸质材料。凯尔德图书馆是世界上最大的海事资料图书馆，馆中不仅收藏了大量博物馆档案、稀有书籍和其他参考资料，还有许多版画、图纸和航海图可供查阅。

图书馆中的陈列藏品，为读者提供了资料，这需要完成大量的幕后工作。博

钟表展馆馆长罗里·麦克沃伊正致力于修复藏品 K1，以及修复表匠拉科姆·肯德尔于 1769 年制作的哈里森著名航海钟“H4”的复制品。

高级绘画保护人员伊丽莎白·汉密尔顿－埃迪正在对《伊丽莎白一世舰队肖像画》进行保护性修复。

物馆的藏品保护团队始终致力于从事藏品保护工作，延长藏品的寿命以供后代观赏和研究。藏品的保存和展示都需要在适宜条件下进行，要时刻监测湿度、光照和温度，藏品也需进行定期检查。例如，纸张和纺织品极易受到光照影响，因此与材质更稳固的藏品相比，必须保证它们的展出时间更短，光照更弱。准备展品的过程对藏品保管员和专家们来说是一个绝佳的机会，可以借此研究它们，了解制作过程。例如，在清洗油画表面旧漆和老化的清漆时，能够发现平时看不见的细节及细微损坏并修复它们。通过对油漆层进行细致的研究，能够深入了解艺术家的技法，从而可与其他作品进行比较。通过对颜料的化学分析，以及某些颜料的已知启用时间，能够判定画作完成的时期。X 射线和其他现代技术能够发现隐藏的证据。有时，能够发现艺术家创作过程中所做的改变，例如，肖像中手的位置或头部的角度；有时，人们甚至能够在画作底层发现一幅完全不同的作品，例如，威廉·霍奇斯的画作《新西兰达斯奇湾皮克斯吉尔港风景》是在南极冰山的场景上绘制的。上述工作由纸质藏品管理员进行；旗帜和制服等由纺织品管理员保管；金属、船模等也分别由相关分类的管理员保管。还有一种情况，利用内窥镜和磁共振扫描仪等医疗设备观察模型内部，有助于寻找关于制作者的线索，或

高级纺织品保管员尼古拉·耶茨正在整理纳尔逊在特拉法加战役中穿着的制服外套。

者发现从未发现过的隐藏装饰。

博物馆的档案团队和纸质藏品管理团队密切合作，确保参观凯尔德图书馆的游客能够查阅历史手稿、图表和稀有书籍。17 世纪海员爱德华·巴洛航海日记的保存和修复就是一个具体的例子。这本航海日记是海事历史学家、水手巴兹尔·卢伯克于 1939 年赠送给博物馆的。当时他抄录了手稿，并于 1934 年出版了两卷本。纸质藏品保护团队对手稿每一页都进行了认真修复并重新排列，不仅大大改善了保存状态，还保证了资料的完整性。该日记有两套页码，其中原有的

高级纸质藏品保管员保罗·库克正在整理爱德华·巴洛的日记。

页码是用红墨水标在右上角的，以保持原页面顺序不变。卢伯克进行的誊抄和保管在提供准确叙事顺序方面极有必要，目前，学者能够将巴洛航海日记直接用于研究。

图书馆面临的主要挑战是档案编目。对于学术研究人员、历史学家或其他学科爱好者来说，档案编目对他们查找资料、了解相关文献至关重要，同时，也能获取更全面的信息、提高效率。博物馆的在线请求系统 Aeon 提供了极简的文件排序和描述，使档案管理员能够针对公众需求进行编目工作。虽然完成这项工作十分艰辛，但成果必然大有裨益。

1

凯尔德星盘

凯尔德星盘以英国国家海事博物馆唯一捐助者詹姆斯·凯尔德爵士（1864—1954）命名。作为天文仪器，它是古代欧洲和西亚学术的杰出代表。星盘（希腊语中意为“捕星者”）是中世纪的天文仪器，最初由古希腊天文学家发明，后由伊斯兰学者发展改进。无论是用作天文研究，还是日常生活，如根据太阳确定穆斯林每日的祈祷时间，星盘都是不可或缺的工具。

凯尔德星盘由一系列薄金属圆盘组成，每个刻度表示西班牙南部和法国北部之间的一个特定纬度，叠加在一起构成了一个母盘。最上面的网环是一组设计精美的匕首形指针，其尖端代表特定的亮星位置。当使用者从左向右旋转网环时，尖端的运动曲线模拟了这些亮星东升西落的轨迹。在中世纪，占星运势将可能影响皇室和其他统治者的决策。

凯尔德星盘体现了从使用罗马数字到阿拉伯数字的转变。在星盘边缘，是中世纪哥特式数字的表现形式，例如，倒“V”表示数字“7”。在星盘背面，制造者还加入了日历标尺和一个阴影方框，用来测量建筑物和山丘的高度。

凯尔德星盘是昂贵的专业仪器，通常由受过高等教育且精通数学的精英人士使用，而简化的版本则是为特定人群制造的。例如航海的水手们使用单盘星盘，用来测量太阳和星辰在地平线以上的高度，从而确定当地时间和所处纬度。在以往的沉船打捞中，人们发现了几个类似的“水手星盘”，有机会了解这种仪器是如何经过改造用于航行的：使用加重的底座确保星盘在船只运动时保持稳定，设计十字形的镂空剖面确保风能够轻松穿过。

图为黄铜的凯尔德星盘，凯尔德藏品（AST0570）；
尺寸：211mm×155mm；1230 年产自西班牙。

2

波特兰航海图

雅各布·贝尔特兰、贝伦格尔·里波尔

英国格林尼治皇家博物馆目前收藏的最早的不精确航海图，由制图师雅各布·贝尔特兰和贝伦格尔·里波尔于1456年绘制完成。这种航海图被称为“波特兰型”，这一术语主要用于描述从13世纪开始在地中海地区出现的早期航海图，其中有一部分来自“波特兰”航行指南。航海图由小牛皮制成，在图中能够清楚看到动物生前的形状。

这些航海图有着共同的特征。地名与海岸线呈直角，以便从不同角度查看。图上标注了繁华的城市，特别是威尼斯、热那亚、巴塞罗那、圣地亚哥－德孔波斯特拉、耶路撒冷、开罗和非斯，表明这些是重要的商业中心或朝圣地。航海图上分布着纹章、纹饰，上面有纵横交错的恒向线，显示了自12世纪指南针引入地中海以来，航海家们标注的方位。从图上看，红海被涂成了红色。

贝尔特兰和里波尔在巴塞罗那完成此图，当时一些复杂的航海图主要由加泰罗尼亚的手工艺者制作。这张航海图有许多加泰罗尼亚制图特征。例如，红海上的海浪（其他波特兰航海图倾向于不标注海浪），横跨北非的蛇形图案，标注在阿特拉斯山脉角落的“风向圈”是基于各种风向的地中海罗盘：代表东北的格雷卡、代表东南的西罗克、代表西

南的丽贝琪、代表西部的伯内特和代表西北的马斯特雷等。加泰罗尼亚制造者利用地中海广泛的贸易网收集制图所需的材料。这些令人惊叹的细节展现了 14 ~ 15 世纪的人们所具备的航海知识和在制图方面的天赋。1942 年，随着犹太人被驱逐出西班牙，加泰罗尼亚制图传统也随之终结。

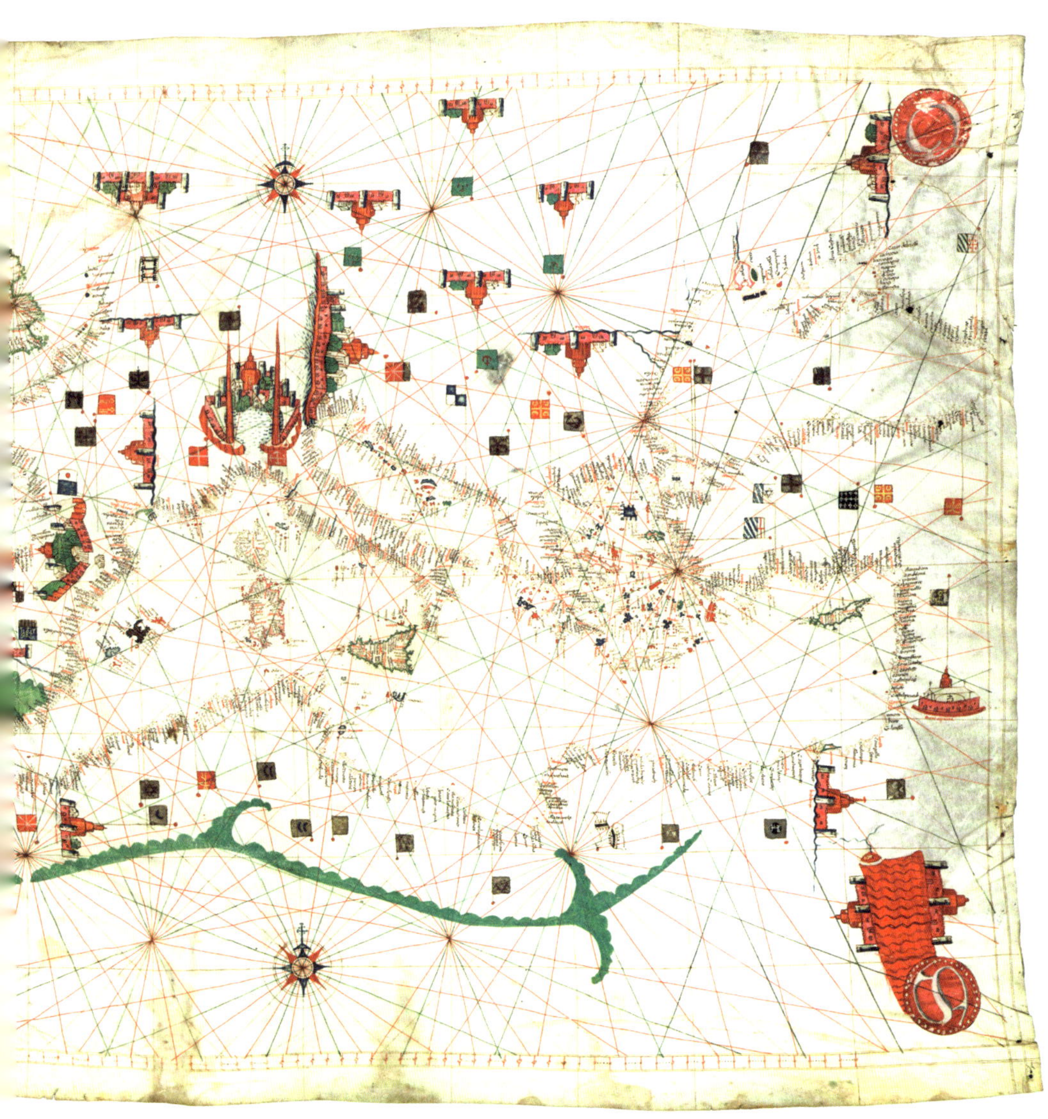

图为在牛皮纸上用水墨绘制的波特兰航海图，凯尔德藏品（G230：1/7）；
尺寸：980mm × 630mm；1456 年产自西班牙巴塞罗那。

3

托勒密的《世界地图》

莱因哈特·霍利、克劳狄乌斯·托勒密

这幅托勒密世界地图制作于1482年，当时哥伦布还未发现美洲大陆，因此，地图的局限性显而易见。它是根据公元1世纪的一位希腊学者克劳狄乌斯·托勒密（约90—168）的地理著作绘制的，托勒密的著作在15世纪早期被译成拉丁语。文艺复兴时期的制图师对托勒密作品的兴趣并不在于大陆的存在或特定板块的形状，而在于他阐述的制图原理。包括如何将地图投射在纸上，使球面能够在平面上展现出来，以及引入坐标系统，根据数学框架标出具体位置。随着欧洲人对全球地理的不断理解，以托勒密坐标为基础的地图逐渐成为一种学术珍品。所依据的数学原理也成了不朽的学术遗产。

这幅地图于1482年在神圣罗马帝国的乌尔姆出版，由一位本笃会僧侣绘制。地图是印刷在木版上的，由约翰内斯·施尼茨裁制而成。他雄心勃勃地希望利用文艺复兴时期自意大利兴起的对古典文化和数学、地理学的兴趣获利。活字印刷当时是一项由印刷厂掌握的新颖的技术。像乌尔姆这样的城市，位于主要贸易线上，因豪华纺织品生产而繁荣起来，是经营出版社的好地方，但许多出版社很快就倒闭了，霍利也不例外。托勒密世界地图是他出品的第一件印刷产品，他不遗余力地创作好的作品。这一卷的地图是木刻的，其比例在印刷书籍中从未出现过，使用的纸张也是从米兰专门采购的，十分精美。最引人注目的是，地图中海是深蓝色的，这是一种用产自今阿富汗和巴基斯坦北部兴都库什山脉青金石制成的蓝色颜料。这种颜料比黄金更加贵重。霍利因始终沿用这种奢华的印刷风格而破产。四年后，另一家乌尔姆的出版社使用了同一版本，但大海的颜色却再也不如从前。

图为用水墨颜料绘制的托勒密的《世界地图》，凯尔德藏品（PBE5109）；
尺寸：980mm×630mm；1482 年绘制于神圣罗马帝国的乌尔姆。

4

地球仪和天球仪

杰拉德·麦卡托

16世纪，荷兰著名制图师杰拉德·麦卡托（1512—1594）制作了地球仪和天球仪，在当时这是最大的印刷样本。他们分别完成于1541年和1551年，在当时，制图技术和数学得到空前的发展，同时也存在着深刻的宗教冲突。1541年之前，麦卡托就读于鲁汶大学，在沉浸于地理、宇宙和数学研究的同时，他的雕刻天赋也得到了发掘。1543年，麦卡托因涉嫌异教徒而被监禁七个月，后来由于缺乏证据被释放。在制作地球仪和天球仪的过程中，他与一些欧洲杰出的数学家取得了联系，作为一名才华横溢的制图师而闻名天下。

地球仪和天球仪上的地图绘制详细，体现了麦卡托对当代地理知识的钻研、熟知，以及他在这方面的才华。精美的底座由他亲自雕刻，仪器的巨大尺寸说明了它们能够提供关于天文地理的详细信息。连接两极的经线环绕地球，以相同的角度穿过子午线，称为“恒向线”——恒定的方位线，因此对水手来说十分重要。每条恒向线之间的面（地球仪断面）被雕刻印制后，严丝合缝地拼成一个完美的球体，这是麦卡托技术的一个明显标志。

但在这一时期，地球仪和天球仪不仅仅是单纯的球形地图，还是复杂的计算设备。它们的配件由金属和木材制成，并划分出了经纬度。在地球仪上，这些刻度可以用来计算日出和日落时间，或者当地时间。在天球仪上，这些刻度可以用来计算恒星的升起和落下，以及重要的占星时刻。在16世纪，专注于研究宇宙中关系的宇宙学是许多学术分支的关键。地球仪和天球仪作为一对仪器，展示了地球和宇宙的关系，引发了人们对地球和人类在宇宙中位置的思考。作为演示模型、计算设备和地理描述，地球仪和天球仪无疑展现了16世纪的学术、技术和艺术成就。

图为地球仪和天球仪，凯尔德藏品（GLB0096 & GLB0097）；
主要材料：纸板、木材和清漆；直径：420mm；
分别于1541年和1551年在比利时鲁汶制成。

5

航海年历

纪尧姆·布劳斯肯

这本航海年历是在法国勒孔凯港口的布列塔尼设计生产的，一部分是由木版印在皮纸上，另一部分是用彩色墨水手写的符号。据考证，它曾属于英王亨利八世，收藏于塞缪尔·佩皮斯的个人图书馆，是为布列塔尼的海员提供日常生活所需的实用信息，尤其是潮汐时间以及教会节日，以便安排未来日程。作为航海史上的重要著作，它现仅存为数不多的抄本。它以新颖的符号语言形式编撰，可以为不识字或外国的水手提供依据。

纪尧姆·布劳斯肯是16世纪迪耶普学派的布列塔尼制图师，这本年历第一页到第八页潮汐表盘的中心依次是他姓名的一个字母。与布劳肯斯合作的出版商伊恩·特罗德克的名字也包括其中。

西北欧海岸的航海图手绘在折叠于书背面的牛皮纸上，按照当时法国人的习惯，向上的方向为南方。而体现港口、海港和航行方向的波特兰航海图则是采取这个时期非常传统的风格，有很好的实用作用，在水手和权贵如亨利八世和佩皮斯之间频繁易手。

佩皮斯得到这本航海年历后，将这本书编为他图书馆的“第一号”。他按照书的高低排序，从最小的开始编号——这种排列方式在剑桥大学抹大拉学院佩皮斯图书馆沿用至今。与当代大多数书籍收藏者不同，佩皮斯对书籍的年代或出处并不感兴趣，他只关注书籍的用途。也就是说，他希望他收集的书是最新、最实用的。当他得到了一本据说属于英国航海家弗朗西斯·德雷克的历书后，亨利八世的那本相对较旧的就被移出图书馆，并于1931年被拍卖。

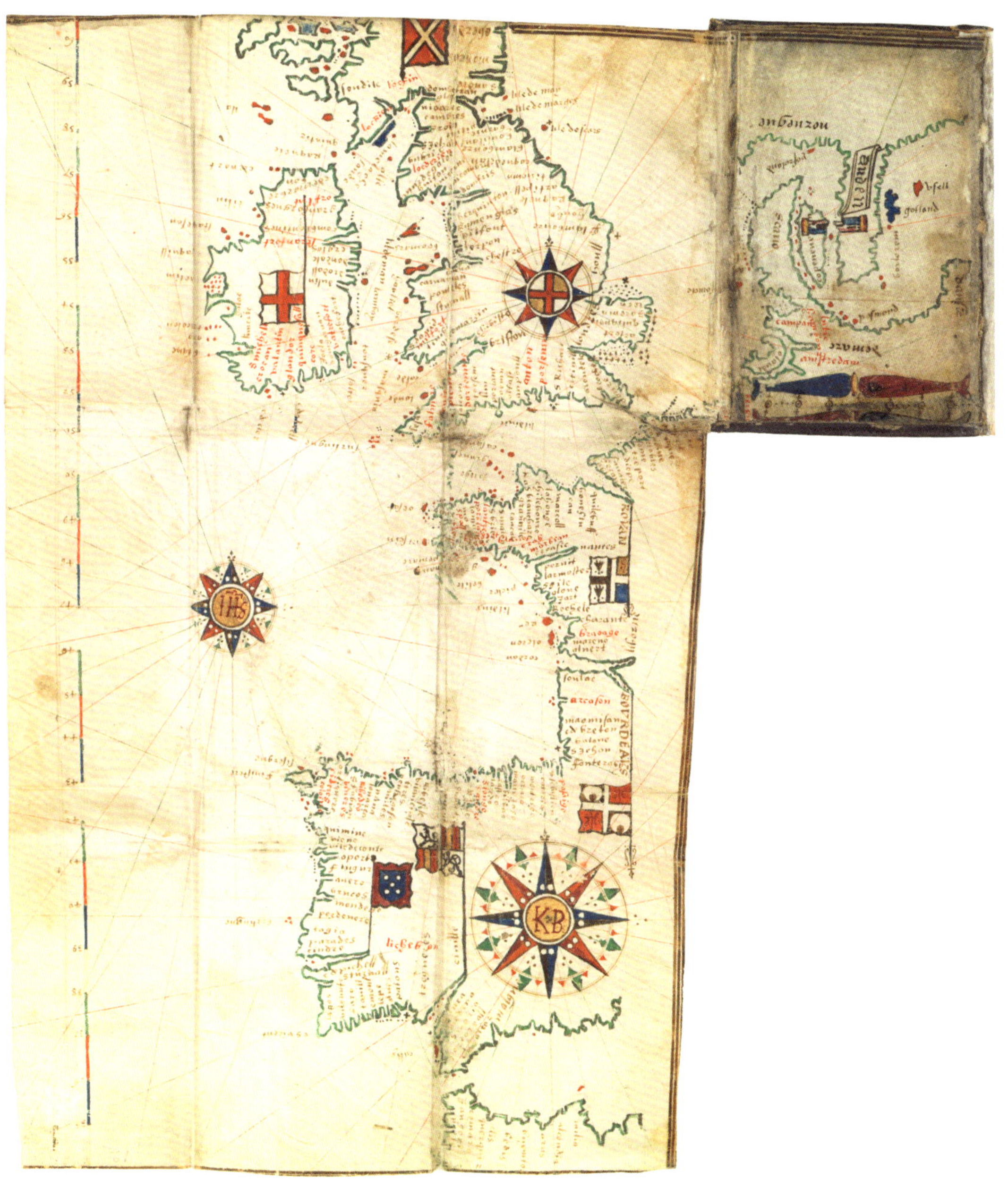

图为在牛皮纸上绘制的航海年历手稿，凯尔德藏品（NVT/40）；
尺寸：104mm×77mm；1546年在法国勒孔凯制成。

6

霍尔木兹至卡利卡特海岸线图

安吉洛·弗雷杜奇

右图中每座山都镶上了金色的边，每条河流和湖泊都精心涂上了浓郁的蓝色，这幅地图显然是为奢侈品市场打造的。这幅地图有着奢华的装饰和详细的内陆特征，虽然沿袭了波特兰风格，有恒向线和海湾，但并不一定是实用的航海资料。地图由意大利亚得里亚海沿岸安科纳一个制图世家的成员安吉洛·弗雷杜奇绘制，当时安科纳正处于商业鼎盛时期。因此，地图和航海图不仅是航海必备品，更是富人，尤其是投资长途贸易的商人眼中的珍贵物件。

该图显示了从地中海到印度的部分路线，描绘了从波斯湾到印度次大陆西北部的古吉拉特邦的海岸线。几个世纪以来，古吉拉特邦始终是印度洋上一个重要的贸易中心，那里的商人经验丰富，向西亚和地中海出口香料、优质棉花、硬木材和宝石。15 世纪后期，随着达·伽马绕过好望角到达印度，葡萄牙人试图通过这条航线控制古吉拉特邦和欧洲之间的贸易，但在 16 世纪中期，经由红海到达埃及、奥斯曼帝国和意大利城邦的商业活动也得到了蓬勃发展。

虽然这条路线十分重要，但图上并未过多反映出那个时期的制图水平。从细节上看，该地图与意大利僧侣弗拉·毛罗在 1460 年绘制的世界地图惊人相似。例如，右上方卷轴上的文字，根据一些古典权威的说法描述了印度洋环流，与弗拉·毛罗地图上的文字几乎一模一样，地形也极为相似。制图的传统就是复制，在无须提供最新地理信息的情况下，安吉洛·弗雷杜奇可以更加关注它的华丽形式。

图为在牛皮纸上绘制的海岸线图，
凯尔德藏品［P/36（3–4）］；尺寸：470×350mm；
1555 年在意大利安科纳绘制。

7

汉弗莱·科尔经纬仪

这个经纬仪是文艺复兴时期数学和工艺结合的精妙之作，由英国第一位本土科学仪器制造商汉弗莱·科尔制造。对于科尔的生平，我们知之甚少，只知道他是一名金匠，曾在伦敦塔的皇家铸币厂担任制模工。16 世纪 60 年代末，他开始为贵族和探险家制造科学仪器。16 世纪 70 年代，他为马丁·弗罗比舍寻找西北航道的航行提供了导航仪器。

考虑到这种仪器的复杂性和精细工艺，它不太可能在海上使用，而更有可能是一件复杂的数学瑰宝，用来体现一个人崇高的社会地位、对地球和天文的了解。这件仪器呈椭圆形，由五片金属盘组成，由小铜钉连接起来。科尔从法国雕刻师艾蒂安·德劳恩制作的系列装饰版画中获得灵感，在圆盘外精心设计了图案，以体现顾客的品位。图案的一面是众神之王朱庇特手持权杖，站在一只鹰身上，鹰爪紧握着雷电。另一面是朱庇特的妹妹，也是他的妻子朱诺，她的象征是一只孔雀。

通过科尔所制造的一系列仪器，我们可以发现，科尔熟练掌握天文学和数学的知识。中间的十字指针可以设置为欧洲任何地点的日晷。其他历表和旋转圆盘（被称为“潮汐仪”）能够计算复活节日期、教徒的节日，并追踪月球的盈亏。中间的圆盘中有一个磁性指南针，能够根据月亮的位置正确校准日晷，并预估涨潮时间。在陆地上，这一仪器的可移动经纬仪和测量高度的阴影方框可用于测量。多年来，人们误认为这件仪器属于弗朗西斯·德雷克爵士，最终落入罗伯特·比格斯比手中，并于 1831 年被献给了英国国王威廉四世。国王接受了这份礼物，条件是必须存放在格林尼治皇家海军海员医院。

图为使用玻璃和黄铜制造的经纬仪，格林尼治皇家海军海员医院藏品（AST0172）；
尺寸：82mm × 57mm；1569 年在英国伦敦制成

8

天文台钟

卡斯帕·布希曼

这座宏伟复杂的天文钟是格林尼治皇家博物馆藏品中最古老的机械钟表。台钟向上的主表盘上有十余种独立功能，还可以按 24 小时制报时。最外层表盘上的圆环每年旋转一次，以圣徒的名字命名每天。最初，表盘上有两个指针，依据格里高利历与儒略历标注日期。

星盘以巴黎的纬度显示天空中亮星的位置，每颗恒星都由网格盘（最外层）上卷须状的一角代表，在网格盘上标出恒星的星等或亮度。月球的相位和节点图像表示月亮的位置和月球年龄，用于预测月食。台钟周围还有六个表盘，分别显示其他历法信息、月相、复活节日期、日出日落时间、占星指南和日程规划。这些表盘都由隐藏在表壳内的 30 小时动力存储驱动，且能够提供 12 小时制和 24 小时制报时系统。表壳的侧面还有一个带有拨盘的报时器。这座台钟不仅每 24 小时必须上一次发条，还须不断调整。这座台钟不仅能很好地计时，还能设置时钟，下面的盖板具有双重作用，打开取下钟体就露出了一堆小日晷。中间是一个指南针，用来定位表盘，还有各种刻度，可帮助人们在不同纬度准确判断时间。

在 16 世纪，拥有这样一座台钟是财富的象征，甚至意味着拥有者掌握了整个宇宙。1704 年，一位匿名瑞士古董商出版了一本小册子，上面说道，1648 ~ 1668 年，它曾是波兰国王约翰二世·卡齐米日·瓦萨的财产。退位后，这位国王在法国巴黎流亡中度过余生。

表壳的部件上有一些法语划痕，是为了帮助钟表匠重新组装钟表所作的标记。另外，还有从旧扑克牌上剪下来的各种垫圈和垫片。幸运的是钟表匠使用了一张图片卡牌，钻石杰克的头部清晰可见，这张扑克牌来自 17 世纪中期的巴黎。由此可证明，在约翰二世流亡期间，这座台钟就在法国。

图为使用鎏金黄铜、钢制造的天文台钟，凯尔德藏品（ZAA0011）；尺寸：167mm × 266mm；大约 1586 年在神圣罗马帝国奥格斯堡制成。

9

《伊丽莎白一世舰队肖像画》

英国画派不知名艺术家

《伊丽莎白一世舰队肖像画》创作于1590年，为了纪念伊丽莎白一世统治期间西班牙无敌舰队入侵英国失败而创作。因此，这幅画作不仅总结了成就，也展示了统治者在英国存亡之际的希望和抱负。同时，这种强大和自信的形象彰显了英国海军势不可挡的崛起和成为海上超级大国的历程。

伊丽莎白一世在画面中占据主要位置，目视前方，平静而超凡脱俗，完全没有当时的焦虑和脆弱。她身着华丽的礼服，右手放在身旁展示着美洲的地球仪上，身后的桌子上放着帝国皇冠，身边有一把国家之椅。画面背景中的景象代表着战役中的两件重要事件：左边是英国舰队停在平静的水面上，火船正在接近西班牙舰队；右边则是西班牙舰队在不列颠群岛西海岸遭遇的可怕风暴。

此役后，伊丽莎白一世被歌颂为战胜天主教威胁的胜利者。庆祝西班牙战败的勋章和宣传品宣扬这是新教徒的胜利，认为敌人舰队遭遇的猛烈风暴是神迹干预的证据。因此，“平静”和“风暴”在画中并列出现，左边是新教伊丽莎白一世统治下的善治成果，右边是天主教暴政下的景象。

这幅画作还代表了拥有海上实力的英国君主。16世纪70年代，女王的肖像开始被用于帝国的象征，例如地球仪、皇冠、剑和石柱。与此同时，地球仪也成了那个时代帝国主义探险家（如弗朗西斯·德雷克爵士）肖像中不可或缺的部分。事实上，德雷克爵士很有可能受委托制作或拥有这个版本的《伊丽莎白一世舰队肖像画》。伊丽莎白一世作为“世界之王”的观点得到了第二层象征意义的补充，代表她是“童贞女王”，注定是新教的捍卫者和民众的保护者。此外，艺术历史学家强调，在1588年的无敌舰队战役和更早些的1571年的勒班陀战役期间，由奥地利的神圣联盟舰队被奥斯曼帝国挫败是欧洲海事绘画发展的关键时刻。实际上，这些重要的舰队行动推动了海事绘画的创作发展，特别是从 1600 年开始关注战争绘画并最终占据主导地位。

图为橡木板油画《伊丽莎白一世舰队肖像画》（ZBA7719）；尺寸：1125mm × 1270mm；获得遗产彩票基金、艺术基金、林伯里信托基金、加菲尔德韦斯顿基金会、海德利信托基金和其他主要捐助者的支持，以及 8000 多名公众在全国呼吁下的捐款。

10

《第三代坎伯兰伯爵乔治·克利福德》

尼古拉斯·希利亚德

尼古拉斯·希利亚德（1547—1619），是伊丽莎白一世的绘画师和金匠，也是那时最重要的艺术家之一。他年轻时曾跟随女王的内侍、金匠和珠宝匠罗伯特·布兰登学习。他很快成为一位杰出的微缩肖像画家，如今被认为是这一领域首位著名的英国艺术家。事实上，他对女王及其朝臣的精致描绘不仅体现了他们的艺术品位和生活方式，还构成了伊丽莎白一世时期的璀璨缩影。

微缩肖像画在16世纪很受欢迎，在宫廷中，它们通常作为朋友和家人间的信物，赠予别国君主和达官显贵的正式礼物，便于携带和获取并向潜在的追随者展示。朝臣们获得了女王的画像，在宫廷中佩戴，以彰显忠诚。伊丽莎白一世也有自己的袖珍藏品，锁在卧室的一个柜子里，包裹并贴上标签。她还将肖像画赠予宠臣，其中一部分就是由希利亚德创作的。这些肖像画被制作成珠宝，即所谓的“无敌舰队珠宝”赠予托马斯·赫尼奇爵士，“德雷克珠宝”赠予弗朗西斯·德雷克爵士（均租借给维多利亚和阿尔伯特博物馆）。其中一些微缩画是女王的头部和肩膀摆出与《伊丽莎白一世舰队肖像画》相似的姿势，穿戴相似衣饰，说明这一标志性图案可能起源于希利亚德。

虽然希利亚德主要创作椭圆形微型画像，但也创作了一些较大的立柜画像。这幅立柜微型画像是坎伯兰伯爵乔治·克利福德（1558—1605）的全身像。这是为了纪念他于1590年担任女王的侍卫，以及当年11月17日在白厅的首次亮相。这身“星星”盔甲是亨利八世在格林尼治宫的军械库为他制作的，那里是一处皇家住所，包括一个竞技场。画面的背景中，左边是一座坐落在富饶海岸边的神秘的城堡或宫殿，或许是为了宣扬亚瑟王传说和伊丽莎白一世时期的骑士精神。克利福德是一名海军军官，曾在 1588 年指挥“伊丽莎白·博纳文图拉”号对战西班牙无敌舰队，因此，这件藏品巧妙强调了格林尼治皇家博物馆历史收藏的丰富含义。

图为镶在木板上的乔治·克利福德肖像画，凯尔德藏品（MNT0193）；
是创作于 1590 年的牛皮纸带金色和银色叶饰的水彩水粉画；
尺寸：258mm × 176mm。

《马耳他之围：土耳其围攻比尔古》

马泰奥·佩雷斯·达·莱西奥

1565年，土耳其苏丹苏莱曼大帝试图占领马耳他岛，攻打耶路撒冷圣约翰骑士团总部。这是苏莱曼大帝扩张战略的一部分，当时奥斯曼帝国已控制大部分巴尔干地区。土耳其人曾在1522年将骑士团逐出希腊罗德岛，如果在马耳他岛复制这一行为，他们将拥有完备的地中海基地，可威胁西南欧。5月18日土耳其人登陆后，骑士团和当地居民在骑士团大团长让·帕里索·德·拉·瓦莱特的英勇指挥下，进行了顽强的抵抗，但被围困了四个月。9月11日，面对越来越多的战损和黯淡的取胜前景，土耳其人最终放弃了围攻。

1576年，意大利画家马泰奥·佩雷斯·达·莱西奥（1574—1628）受邀为瓦莱特的大团长宫大厅绘制壁画。他在壁画方面有丰富的经验，早些时候，曾协助米开朗琪罗为西斯廷教堂绘制壁画。他绘制了13幅描述马耳他之围戏剧性场景的壁画，至今仍在大厅展出。随后，应一位不知名客户要求，其中八幅主要画作被复制为油画和系列版画。每幅油画背面都有英国国王查理一世的王室标识，这些画作很有可能是他继承的：据一位参观过格林尼治宫的人士称，1598年他在那里看到了马耳他之围的画作。但是，国王如饥似渴的艺术收藏也给皇室的展示空间带来了压力，为了给新作品腾出空间，早期的收藏被赠予了第四代多塞特伯爵爱德华·萨克维尔，他曾是王室的宫务大臣。后来，诺斯家族继承了这些作品，随后在1933年的罗克斯顿修道院拍卖会上被詹姆斯·凯尔德爵士拍下赠给格林尼治皇家博物馆。

右图是该系列的第五幅，描绘了奥斯曼帝国的炮兵在瓦莱塔大港南部攻打保卫比尔古的卡斯蒂利亚和德意志骑士（左上）。画面右上方是奥斯曼帝国的船只，土耳其军队及其指挥官占据了画面的显著位置。画面展示的视角试图将动作和地形信息有机结合起来，但实际效果略显粗糙、违和。尽管如此，艺术家在捕捉盔甲和服装细节方面无疑展示了其战争规模描绘方面的技巧。

图为布面油画《马耳他之围：土耳其围攻比尔古》，
凯尔德藏品（BHC0256）；
尺寸：1372mm×2057mm；创作于1580年。

12

《伊丽莎白公主》

老罗伯特·皮克

伊丽莎白公主（1596—1662）是苏格兰王国国王詹姆斯六世和他妻子丹麦的安妮公主的唯一存活下来的女儿。这幅肖像画是在詹姆斯六世南下继承英格兰王位（同时成为詹姆斯一世，编者注）时画的。肖像上，7岁的伊丽莎白公主穿着华丽的白裙，手持羽扇端庄而恬静。背景是枝繁叶茂的树木和河流，远处正在狩猎。

在1605年发生的阴谋中，密谋者试图绑架伊丽莎白，将她当作傀儡扶上王位，然后嫁给一名天主教徒。阴谋失败了，伊丽莎白公主的未来是由欧洲政治决定的，而非英格兰议会。16岁时，她嫁给了莱茵行宫伯爵（普法尔茨选侯，编者注）弗雷德里克五世，并搬到了海德堡。1619年，弗雷德里克五世被授予波希米亚王位，他作为坚定的新教徒同意继承王位，并于同年11月4日接受加冕。三天后，伊丽莎白加冕为波希米亚王后。神圣罗马帝国皇帝斐迪南二世欲夺得波希米亚王位，故弗雷德里克五世的统治非常短暂。1620年11月8日，由于在白山战役中落败，他和伊丽莎白被迫逃往海牙。

弗雷德里克五世于1632年去世，伊丽莎白在海牙度过了近30年，1661年才回到英格兰，次年2月去世。根据1701年颁布的《王位继承法》，英格兰和苏格兰的王位都将由她最小的女儿索菲继承，索菲是最接近继承顺位的新教继承人。最后一位斯图亚特王朝君主去世后，伊丽莎白的外孙子乔治于1714年登上王位，开创了汉诺威王朝，成为乔治一世。

英国艺术家罗伯特·皮克（1551—1619）原本是一名金匠，自1576年起，他开始在宫廷任职，为宫廷庆祝活动制作材料。他已知最早的肖像作品是1603年的威尔士王子亨利的肖像画。两幅画作背景相似，极有可能是受王室子女监护人哈灵顿勋爵委托创作的。

图为布面油画《伊丽莎白公主》，编号：BHC4237；尺寸：1359mm × 953mm；在英国艺术基金和国家遗产纪念基金会的资助下获得。

13

《彼得·佩特与“海洋主权”号》

彼得·莱利

17 世纪 30 年代，英格兰查理一世的首席画家安东尼·范戴克爵士开创了新的肖像画形式。1641 年他去世后，荷兰裔画家彼得·莱利（1618—1680）接替了他，并在 1661 年被查理二世任命为首席画家。在他的职业生涯中，始终在模仿范戴克的绘画风格，他的海军军官肖像，如《洛斯托夫特棋手》系列，都沿袭了范戴克的风格。这些肖像画中，装备围绕在军官们周围，彰显了他们的地位和责任，而军舰则代表了指挥权。

这种对视觉效果的美化不仅提升了军官的个人形象，也强调了皇家海军的声名，从而提升了王室的权威。这幅《彼得·佩特与“海洋主权”号》就是这一创作风格中最具代表性的例子，但它并不是第一幅描绘皇家造船师与舰船的肖像。1610 年，以威尔士王子亨利命名的“皇家王子”号下水。在菲尼亚斯·佩特（彼得·佩特的父亲）的督建下，“皇家王子”号成了英格兰最大、最强、最辉煌的战舰。这艘战舰被视作国家的象征，装饰着“威尔士王子的羽毛”和“HP”标识以及英格兰守护神圣乔治的船首像。当时绘制了一幅菲尼亚斯·佩特的肖像，以纪念“皇家王子”号下水。

17 世纪 30 年代，查理一世试图改变斯图亚特王朝，不再沿袭伊丽莎白一世及他已故兄长亨利王子时期的帝国统治和战争的策略，而是成为和平守卫者。1637 年，“海洋主权”号下水，取代了“皇家王子”号，成为英国最强大、最壮观的战舰。这幅肖像画宣扬了查理一世利用海军力量统治海洋、缔造全球和平的主张。但具有讽刺意味的是，这副肖像画很可能是在英国内战期间创作的，这场战争导致国王失去了王位，并在 1649 年被处死。画像中，彼得·佩特朴素的衣着和谦逊的姿态与战舰庞大的规模和华丽的装饰形成鲜明对比。不论从何种意义上来说，这幅画作都是艺术精品，以"海洋主权"号主导构图的方式在英国肖像画中前所未有。

图为布面油画《彼得·佩特与"海洋主权"号》，
凯尔德藏品（BHC2949）；尺寸：1395mm×1560mm；
创作于1645—1650年。

14

英联邦旗帜

随着1649年查理一世被处决以及君主制的废除，皇家旗帜变得多余，英国国旗也不再使用。在英联邦时期，人们使用不同的旗帜以在海上识别英国船只。在1649年2月23日的一封信中（现存于凯尔德图书馆），奥利弗·克伦威尔作为“临时”国务会议主席，尝试制定海上旗帜的制作指南，使用连在一起的圣乔治十字架和爱尔兰竖琴。这面旗帜暴露了制作方面的混乱，旗帜上的图案由盾牌和花环边框组成，缝在红色底布上。然而，尽管竖琴和十字架是对齐的，但盾牌却上下颠倒，使得这面旗帜看起来相当随意。

在克伦威尔的领导下，广泛实行造船计划，海军得到了相当大的发展。海军大臣被废除，海军指挥权由海军上将们掌握。国会军的三名上校——罗伯特·布雷克、理查德·迪恩和爱德华·波芬，是第一批被任命该军衔的将领。尽管布雷克缺乏航海经验，但他在海军的发展中发挥了突出作用。克伦威尔热衷于利用海军力量获得国家利益。内战的后果之一就是英国贸易的中断，这给英国的竞争对手荷兰带来了巨大优势。随后国内战事的平息为海外战争提供了条件，1652~1654年的第一次英荷战争就是为了从荷兰人手中夺取英国对贸易的控制权。这场战争英国获胜，海军指挥官获得了海军金质勋章（上图），勋章上雕刻着荷兰战败的场景。克伦威尔将目光投向了更长远的方向，即他的“西方设计”。1655年，在与西班牙的战争中，英国接手殖民了牙买加。自此，克伦威尔海军开始崭露头角。

图为由羊毛、亚麻制成的英联邦旗帜（AAA0800）；
尺寸：4521mm×6248mm；
1652～1654 年在英格兰生产、使用。

15

“海军委员会”式未知名的军舰模型

虽然目前并未明确这是哪艘舰艇的模型，但它是英国国家海事博物馆现存已知最古老的“真实比例”模型。这是一艘17世纪中期的快速战舰，有着精细的线条及长长的斜船首和艉柱。这种战舰是根据英法战争时期消灭英国船只的敦刻尔克私掠船设计的，也是已知最早的“海军委员会”式战舰模型，即船体框架是通过零部件的组装而制成的，而不是整体重新建造。为了突出船体构造和内部布局，省略了外部的铺板。该舰艇上层甲板装有一个绞盘，绞盘杆的高度各不相同。

模型装饰着华丽的金漆雕花，船首像是一头狮子，这是当时海军舰船常用的图案。上甲板和后甲板炮孔是并不常见的方形，在当时，炮孔形状多用圆形。船尾凸出部分和瞭望台穹顶以及船体的其他部分也采用了镀金工艺。

虽然目前尚不确定这艘舰船的名称，但通过比例可知这艘军舰的火炮甲板长45米，宽10米。这一比例与英联邦时期（1649—1660）

建造的三级护卫舰非常吻合，如1650年下水的搭载50门炮的“费尔法克斯”号。模型船尾上醒目地展示着斯图亚特纹章，说明这艘船有可能是1660年君主复辟之后建造的，也可能是后期添加了纹章。毕竟，在当时国会变更舰船名称是很常见的现象，例如：“内斯比”号更名为“皇家查理”号。

图为未知名的“海军委员会”式军舰模型（SLR0217）；
比例：1 ∶ 48；尺寸：311mm × 1140mm × 230mm；
大约1655年在英格兰使用木料、油漆、镀金制成。

16

《酒馆旁拥挤的港口内的一艘荷兰贝赞帆船和许多其他船只》

老威廉·范·德·维尔德

海景绘画是16世纪末、17世纪初出现在荷兰的独特绘画流派，同一时期尼德兰联省共和国（荷兰共和国，编者注）作为海上霸主和帝国力量出现。从16世纪90年代开始，荷兰艺术家就将船只和海洋的视觉文化传到了英格兰。17世纪，荷兰画家扬·博塞利来到英国伦敦，他是荷兰画家亨德里克·弗鲁姆、阿德里安·范·迪斯特和英国画家艾萨克·赛尔曼的学生。海景绘画无论是航行的船只还是海岸线风景，都在17世纪的欧洲得到了蓬勃发展。尽管上述画家对海景绘画的发展发挥了重要作用，但仍不及老威廉·范·德·维尔德及其长子小威廉，在英国艺术的当代鉴赏、海洋方向和历史上的影响和声誉那样持久。

虽然小威廉在艺术上更具创新性和影响力，但是他的父亲老威廉在海事主题，尤其是海战方面，开辟了新的绘画领域。他是已知最早陪同舰队行动并通过绘画进行记录的艺术家之一，从1653年开始正式与荷兰海军合作。他通过这些“纪实绘画”，开创了纯灰色画（钢笔画），即用钢笔和墨水在铅白面板或画布上作画。由于采用了这种技法，范·德·维尔德更注重作品的细节，同时这些细节体现了他对造船和航运业的出色了解。最初，他利用交叉平行线画出阴影，17世纪50年代开始，他越来越多地使用画笔表现阴影、云或波浪。

英国国家海事博物馆内还收藏了老威廉描绘舰队作战的杰出作品，如《斯海弗宁恩和海峡战役》和《宁静的须德海荷兰船只》，这些都是他在阿姆斯特丹时创作的。这幅画作是纯灰色画法的杰作，充分说明了他是荷兰纯灰色海景画的大师。画面中，光影和水中的倒影被用来营造湿润的氛围和阳光透射的效果。画面左下角的士兵暗指这一场景描述的是军事事件，如登船。在当时，这幅画引起共鸣的原因是它生动地反映出荷兰繁荣的商业和有序的社会景象，而繁荣和有序是建立在其海上力量基础上的。

图为纯灰色画《酒馆旁拥挤的港口内的一艘荷兰贝赞帆船和许多其他船只》，凯尔德藏品（BHC0862）；尺寸：757mm × 1068mm；创作于1600年。

17

早期航海钟的试验品

约翰·希尔德森（据考）

虽然这个航海钟并不起眼，但其钟表机芯在航海史上具有重要意义。它由 17 世纪荷兰数学家克里斯蒂安·惠更斯与苏格兰伯爵亚历山大·布鲁斯共同设计。当时，布鲁斯流亡到低地国家（荷兰、比利时和卢森堡，编者注），结识了惠更斯，俩人计划设计一种在海上确定经度的计时器。1658 年，惠更斯在其《钟表学》中描述了钟摆在机械钟表中的突破性应用，并提出打算和他人利用这一技术生产出航海使用的“最精密、无误差的钟表”。

最初，布鲁斯委托惠更斯推荐的钟表匠制作两台钟表。其中一台在运往英格兰途中损坏了，布鲁斯在英国伦敦订购了另一台。根据惠更斯在著作中提到的，这台钟表由伦敦钟表匠约翰·希尔德森（1630—1665）制造。钟表中独特的黄铜支柱与希尔德森当时制造的其他钟表十分相似。

在这台钟和另一台留存至今的钟上发现了一个有趣的特征，就是标度圈刻度是 1 ~ 60。表盘上曾经有指针，从齿轮比例可知，如果把时钟设置为主表盘显示恒定时间，那么后表盘上的指针旋转一周用时 4 分 37 秒。齿轮装置不会随意改变，也可适用于其他时钟。这台钟的用途尚不明确，据猜测，它是为了匹配恒星运动而设置的，指针旋转一周表示地球自转一度。但根据齿轮的比例，它很可能被用于其他用途。

这类航海钟的性能在欧洲被盛传之后，1670 年，法国的一次科学航行为跨洋进行钟表性能试验提供了机会。这台钟被托付给法国天文学家让·里奇，但启航时就因暴风雨导致了钟表停摆。令惠更斯十分不悦的是，里奇对钟表的设计并不认可，他选择不再继续试验。里奇明白，在任何情况下，这种技术在海上应用都是不可靠的。钟摆需要恒定的重力保持精准计时，对它进行改造以在海上使用的尝试都无果而终。60 多年后，英国钟表匠约翰·哈里森进行了创新，他利用弹簧为航海钟提供人工恒定重力。目前，这座钟被安装在老式落地钟盒中。

图为由黄铜和钢制造的航海钟的试验品（ZBA6944）；
尺寸：220mm × 120mm × 120mm；
17 世纪 60 年代早期可能在英国伦敦制造，2015 年由艺术基金出资购入。

18

望远镜

约翰 · 范德怀克（据考）

这是格林尼治皇家博物馆收藏中最古老的望远镜，它外观独特，刻有“Iacob Cunigham”和1661年的字样。望远镜的镜筒和镜头盖为木质，由红色皮革包裹，皮革上有金色花纹，木质活镜筒由云石纸包裹。最细处刻着金色的标记，用低地德语（在北部低地平原使用的未发生音变的德语，编者注）单词标记着“近”“远”和“极远”，表示三种对焦类型，以满足不同的观察需要。

现存的喇叭形单筒望远镜很少，这种类型的望远镜在17世纪初，也就是望远镜发明之后很常见。它需要较大的物镜，只有打磨出足够大的透镜，才能满足使用需求。由于打磨过程中不可避免出现不规则的现象，因此所有透镜都须覆盖黄铜膜片，以减小孔径，提高光学分辨率。这类望远镜只有两个透镜——一个凸透镜（物镜）和一个凹透镜（目镜），以意大利科学家伽利略（1564—1642）命名。17世纪初，伽利略对这种望远镜的使用作出了开创性的发现，他于1610年出版的《星际使者》震惊了世界，书中描述了他用望远镜发现了月球上有山脉，木星有自己的卫星。

最新的研究表明，这台望远镜的制造者是约翰 · 范德怀克（1623—1679），他出生于德国明斯特，在荷兰求学并成了一名著名的光学仪器制造商和军事工程师。物镜盖上的烫金字样表明，这架望远镜是为雅各布·坎宁安制造的。这个人极有可能是出生于1619年的霍斯伦德（丹麦洛兰岛上的村庄）牧师。两人可能于17世纪50年代末相识，当时范德怀克在离霍斯伦德不远的地方做军事工程师。

图为使用皮革、木材、黄铜、纸张、玻璃制造的最古老的望远镜，凯尔德藏品（NAV1547）；长度：325mm；最大直径：105mm；1661年在荷兰或丹麦制造。

19

《约克公爵詹姆斯》

约翰·范德怀克（据考）

约克公爵詹姆斯（詹姆斯二世，1633—1701），是查理一世和亨丽埃特·玛丽亚的第二个存活下来的儿子。由于保皇派在英国内战中落败，以及查理一世于1649年被处决，他在荷兰、法国和西班牙流亡。在此期间，他先后在法国、西班牙的军队服役，是一名勇敢有为的士兵。

查理二世于1660年回国复辟皇位，延续了查理一世的统治，詹姆斯恢复了1638年被授予的高级海军上将职务，并宣扬新政权在艺术和文化方面的合法性和成就。他将各地发展起来的国际化艺术应用到宫廷中，作为高级海军上将及第二次和第三次英荷战争中的英国舰队指挥官，他对海军的形象宣传进行了个人投资。此外，英国和荷兰的频繁海战产生了很多主题，海景绘画因此得到了空前发展。例如，1665～1668年，国王的首席画家彼得·莱利爵士受詹姆斯委托，创作了一系列海军肖像画，即《洛韦斯特夫的旗手：13幅杰出海军军官的肖像》，包括詹姆斯本人，肖像人物参加了1665年的洛韦斯特夫战役。系列肖像画中的11幅收藏于格林尼治皇家博物馆，其余两幅仍由英国皇家收藏。

委托创作的背后原因有一部分是为了体现在斯图亚特君主制下英国海军的崛起，并确认斯图亚特家族是伊丽莎白时代海军和帝国的合法继承者。因此，尽管塞缪尔·库珀（1607—1672）这幅精致的微缩肖像画描绘了身穿盔甲的传统宫廷形象，这种形象还是经过了精心设计，以展示詹姆斯的指挥能力，进而表明他统治国家的能力。画面中，詹姆斯的古典服饰表明他是罗马帝国指挥官的继任者，同时也表明他身披格林尼治铠甲作战的英勇事迹，这一创作思路与尼古拉斯·希利亚德为乔治·克利福德绘制的精美肖像极为相似。

图为牛皮纸水彩肖像画《约克公爵詹姆斯》，
凯尔德藏品（MNT0191）；尺寸：78mm×64mm；创作于1670~1672年。

20

《1672 年 5 月 28 日索尔湾战役中“皇家詹姆斯”号焚毁》

托马斯 · 波因茨

这面挂毯是为了纪念第三次英荷战争的第一次战役，即萨福克海岸的索尔湾海战中的一个战争场景。1672 年 5 月 28 日，约克公爵詹姆斯和埃斯特雷伯爵指挥 140 艘英法战舰与荷兰海军上将德 · 勒伊特率领的舰队作战。挂毯上描绘的场景是被荷兰火船烧毁的“皇家詹姆斯”号和桑威奇伯爵的旗舰，桑威奇伯爵因拒绝弃船而溺亡，尸体被冲上岸后，人们根据他胸前的勋章认出了他。

这面挂毯是查理二世委托萨里郡里士满附近的莫特莱克挂毯厂编织的六幅索尔湾挂毯中的一幅，图案是根据威廉 · 范 · 德 · 维尔德在战斗中绘制的画稿编织的。在 17 世纪的英国，挂毯是一种重要的艺术形式，特别是在詹姆斯一世的支持下。莫特莱克挂毯厂由弗朗西斯 · 克兰于 1619 年创建，他招募了富有才华的流亡纺织工及其家人。在接下来的 20 年里，这家工厂生产出了当时最精美、制造工艺最精湛的挂毯。

艺术家设计挂毯并不罕见——拉斐尔、鲁本斯和范戴克就将画作编织成了大型挂毯。1672 ~ 1673 年，威廉 · 范 · 德 · 维尔德父子在王后宫的西南会客厅有工作室，并获得允许在楼上设计大型挂毯图案。查理一世和查理二世深知挂毯在欧

洲宫廷文化中的意义，作为珍贵物品，挂毯常被王室作为外交赠礼。同时，还可以随身携带。

第一批的三幅挂毯是查理二世复辟英国王位时，在弗朗西斯·波因茨的指导下，由约曼·阿拉斯沃克制作，目前收藏于汉普顿宫。这面挂毯是第二批的三幅挂毯中的一幅，显然订购之后并未交付，署名是弗朗西斯·波因茨的弟弟托马斯·波因茨。第二批挂毯的另外两幅也收藏于汉普顿宫。

图为由羊毛、丝绸制成的挂毯《1672 年 5 月 28 日索尔湾战役中“皇家詹姆斯”号焚毁》（TXT0106）；
尺寸：3935mm × 5630mm；
1672 年在莫特莱克挂毯厂制成，1968 年由艺术基金出资购得。

21

爱德华·巴洛的航海日记

爱德华·巴洛（1642—1706）的航海日记是17世纪重要的第一手航海资料。他于1659年加入英国皇家海军，在“纳斯比”号军舰上服役。1673年初，开始撰写航海日记，当时他已被荷兰人囚禁于巴达维亚（今印尼雅加达）。他的航海日记详尽且独一无二，记录了丰富多彩的航海生涯，对海军和商船的多个方面进行了详细的描述，提出了独到的见解。日记中点缀着丰富的水彩插图，有大象、犀牛、英国和荷兰的船只以及他去过的地方。日记中还提到了一些具有重要历史意义的事件，例如，1660年英国君主复辟时，“纳斯比”号将查理二世从荷兰接回英国；当年5月3日，巴洛在“纳斯比”号上见证了查理二世的登基仪式，每名船员都得到了一品脱葡萄酒，为庆祝共饮。

巴洛对世界充满好奇心，并为此不断探索。在“奥古斯丁”号和“马丁·加利”号战舰上当了两年二等水兵后，他在商船队工作了两年。在第二次英荷战争期间，他回到海军，见证了重大战役，包括1665年的洛韦斯特夫战役和1666年的四日海战。当时，一枚炮弹击中了他的右腿，后来他恢复得非常好。回顾1667年荷兰突袭梅德韦港的耻辱，巴洛明显对海战中指挥官的表现不满，将他们描述为“没有经验的绅士、懦夫，不如去指挥粪船”。

1670年，巴洛尝试航行到东印度群岛，1672年秋被荷兰人俘虏，囚禁至1674年才被送回欧洲。次年，他成了“弗洛伦蒂”号上的炮手，随船前往卑尔根。船在古德温沙滩附近海域失事。像大多数迷信的船员一样，他将事故归咎于与船员发生过争执的挪威女巫，而且当时船上还有一只黑猫。

1675～1682 年，巴洛多次随英国东印度公司商船出航，从船员晋升为大副。1705 年，他如愿以偿地成了船长，指挥“宁波”号自红海驶向穆哈，但船在莫桑比克附近海域因遭遇风暴而失事，巴洛失去了生命。日记的最后一部分详细记录了他于 1703 年 12 月乘坐“翠鸟”号护卫舰从圣赫勒拿岛返回英国的经历。幸运的是，他把这本日记留在了家里。

图为爱德华·巴洛的航海日记的手稿（JOD/4）；
尺寸：358mm×235mm；
撰写于 1673～1703 年。

英国皇家海军一级战舰“圣迈克尔”号的船模

“圣迈克尔”号的船模是17世纪的工艺典范，也是已知世界上最早的可辨认实物船模。通过对比模型主炮甲板长度等关键测量值与船的尺寸，二者完全吻合。荷兰著名海景画家威廉·范·德·维尔德的三幅“圣迈克尔”号画作也证实了这一点。画作描绘了“圣迈克尔”号的左舷，另外两幅则是船头和船尾瞭望台、炮孔、船首装饰的设计草图。船首像草图上刻有“Mighal”字样。

独具风格的开放式船体框架通过组装而成，舷侧主列板（主纵向加固板）下未铺木板。人们普遍认为，这种建造方式能够让人更直观地了解船体的水下部分。该船模最引人注目的是大面积的彩绘和镀金雕刻。除了船首和船尾外，甲板、船尾瞭望台和炮孔周围的花环也是17世纪末期战舰的特点。该模型是整体挂帆的，大部分桅杆是原有的，而索具是20世纪30年代更换的。

“圣迈克尔”号于1669年下水，经造船专家约翰·蒂皮茨于1672年在朴次茅斯皇家船坞进行调试，火炮发射速度有所提高。该战舰曾参与1672年的索尔湾战役和1692年的巴尔夫勒战役。1706年经过改造，战舰更名为“马尔伯勒”号。

这艘模型极有可能属于“圣迈克尔”号的前船长罗伯特·霍姆斯爵士。他在1692年立的遗嘱中表示他拥有“两艘舰船模型”。自18世纪它始终下落不明，20世纪20年代重新出现。1939年，英国艺术家、雕塑家和船模制造商罗伯特·斯宾塞将它交给拍卖会，由詹姆斯·凯尔德爵士拍得，并捐赠给国家海事博物馆。

图为“圣迈克尔”号的船模，凯尔德藏品（SLR0002）；
主要材料：木质、金属、金箔、绳索、云母、涂料、清漆；
比例：1∶48；尺寸：1295mm×1350mm×600mm；1669 年在英国建造。

摆钟

托马斯·汤姆皮恩

这台摆钟据说是英国钟表师托马斯·汤姆皮恩（1639—1713）为英国天文学家约翰·弗拉姆斯蒂德制作的一对摆钟之一，于1676年被安装在英国皇家天文台。其设计在当时极具创意，采用了每两秒摆动一次的钟摆，为实现这一频率，钟摆长度必须超过4米。它现在摆放于“大厅”（现称“八角厅”）东北角的镶板后面，钟摆的长度决定了天花板也非常高。

摆钟的机芯是精心设计的，通过摆轮的低功率运动维持长且重的钟摆摆动，以获取计时的稳定性。这一技术在当时很先进，但极易受灰尘颗粒的影响，堵塞精密机芯。

弗拉姆斯蒂德记录道，这些摆钟正常运行时，“非常有规律地运行，与天象保持同步”。他通过对天狼星的定时观测证明了地球自转的速度恒定，这对天文台的研究工作至关重要，通过天文台提供的天文数据，能够帮助海员在海上找到所在位置，尤其是经度。

两台摆钟都由独特的方式显示时间，即时针通常在12小时内转一圈，分针每两小时转一圈。钟摆前后摆动，而非左右摆动，故钟面采用凸面镜。

由于摆钟和仪器是弗拉姆斯蒂德及其赞助人乔纳斯·摩尔爵士提供的，因此，他于1719年逝世后，他的遗孀玛格丽特将摆钟和所有其他仪器撤出天文台。之后，这台摆钟被卖出，并被改装了更短的钟摆，以便装进传统钟盒里。自此，这台摆钟一直收藏在莱斯特伯爵官邸——诺福克郡霍尔克汉姆大宅中，直到20世纪90年代中期才被格林尼治皇家天文台收藏。

图为1676年在英国伦敦制造的摆钟（ZAA0885）；主要材料包括：黄铜、钢、银、天鹅绒、橡木和玻璃；机芯尺寸：1342mm×200mm×102mm；表壳尺寸：3120mm×645mm×295mm；在艺术基金、国家遗产纪念基金、国家海事博物馆之友、拯救与繁荣教育信托基金、钟表匠崇拜公司、j. 保罗·盖蒂慈善信托基金、纪念碑信托基金、佳士得、彼得·摩尔基金会等机构的帮助下获得。

《1673年8月21日特塞尔战役中的“金狮”号》

小威廉·范·德·维尔德

1672年至1673年冬，范德维尔德家族移居英国时，享有盛誉，这与荷兰共和国的军事和商业财富密切相关。此外，范德维尔德父子都毕生致力于海洋艺术创作和军舰建造，他们在欧洲的艺术地位得到了极大的提高。小威廉（1633—1707）自17世纪50年代末起，被称为“宁静”的画家——利用阳光明媚的须德海浅水区场景，生动地描绘了荷兰共和国作为海洋国家的经济繁荣和社会秩序。在描绘英国皇家战舰、游船和其他船只时，他就沿用了这一主题。著名的画作有《王室检阅泰晤士河口舰队》（1672）和《王室游艇出游》（1702）。

虽然小威廉在英国王室的资助下定居英国，但他仍继续为荷兰客户作画。这幅画是他公认的杰作之一，1686～1687年在阿姆斯特丹为荷兰海军上将科内利斯·特龙普所作。他的旗舰“金狮”号位于画面中心。这幅画作的场景描绘的艺术手法在整个18世纪，乃至以后多年，对英国海洋绘画产生深远影响。这场战役是英法联军摧毁荷兰舰队为进攻所做的最后一次尝试。在画作中，特龙普的旗舰“金狮”号向敌人开火，可被解读为民族反抗的象征。特龙普是查理二世的朋

图为布面油画《1673 年 8 月 21 日特塞尔战役中的“金狮”号》（BHC0315），创作于 1687 年；在艺术基金、航海研究学会和麦克弗森基金会的资助下购入。

友，于 1675 年访问了伦敦，并由彼得·莱利绘制了肖像，背景中有一艘类似“金狮”号的船。1674 年，《威斯敏斯特条约》的签署促使英荷关系的缓和，结束了第三次英荷战争，英国退出了与法国的联盟。

1677 年，英国约克公爵的大女儿玛丽·詹姆斯嫁给了奥兰治亲王威廉三世（当时的荷兰海军上将），确立了英国政治发展的方向。这一事件似乎促使了詹姆斯在 1682 年委托创作这幅描绘特塞尔战役的海上油画——这可以说是自 1667 年大胆袭击梅德韦以来荷兰海军最辉煌的时刻。

25

直角仪和反向高度测量仪

托马斯·塔特尔

象牙作为一种奢侈材料，由于对湿度变化的敏感性易随着时间的推移而扭曲、开裂，因此并不是制造精密测量仪器的最佳选择。这套精美的象牙航海仪器年代久远，却保存完好，因此不太可能用于出海，几乎可以肯定的是，它们用来展示崇高地位和制作者工艺。这套仪器由一件直角仪和反向高度测量仪，一个扇形和两个甘特氏尺规（图中未示）组成，装饰着精美饰带、海洋生物和花卉图案。然而在工作仪器上，任何装饰都不重要，最重要的是刻度。

直角仪和反向高度测量仪是测量角度的仪器，通常是木质的，在 17 世纪和 18 世纪早期的航海中十分常见。直角仪可以用于测量任何平面上的角度，使用时沿着主标尺移动四个移动标中的一个，使移动标的两端与选定目标对齐，然后从标尺上的刻度读取角度。可以测量地平线与天体、两个天体或两个地面物体之间的角度。反向高度测量仪只用于测量太阳在地平线上的高度，以便确定当地时间和纬度，也可以对直角仪进行调整，使它能够站立以便太阳的阴影能投到仪器上。

除了精美的装饰，每件仪器上都用法语和拉丁语刻着制造者托马斯·塔特尔（1674—1702）的名字，17 世纪后期他在伦敦查令十字街工作。铭文描述他为“英国仪器与数学大师”，正如描述，他是一位杰出的数学仪器设计师、制造商和

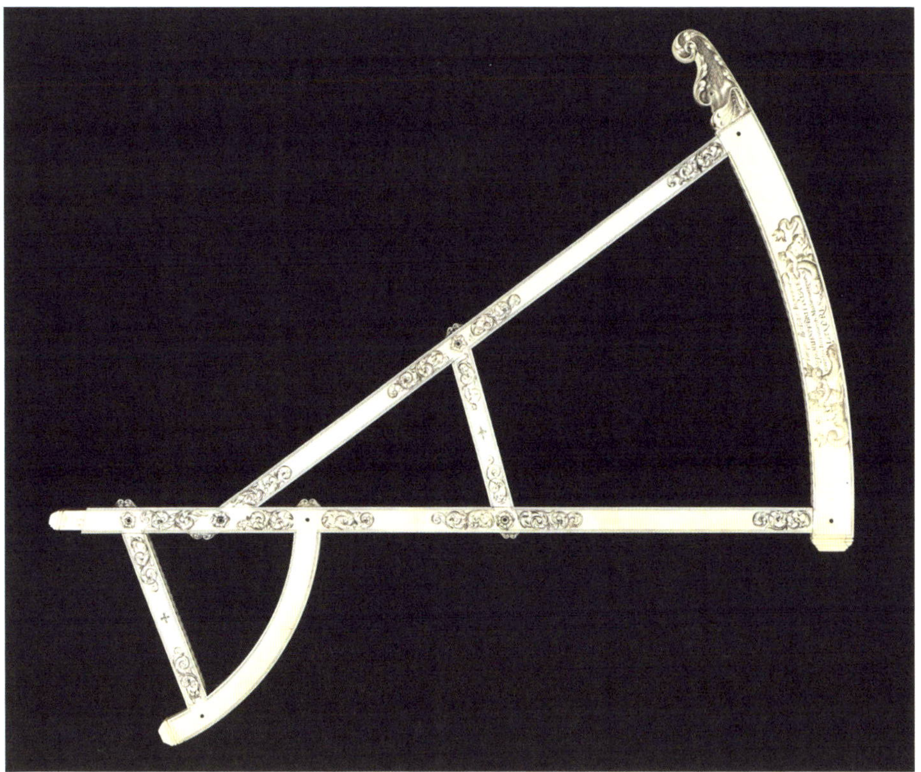

图为由象牙、黄铜制造的直角仪（NAV0505）和反向高度测量仪（NAV0040），凯尔德藏品；直角仪（最长杆）尺寸：796mm×502mm×55mm，反向高度测量仪尺寸：350mm×689mm×65mm；1700 年制作于英国伦敦。

皇家水文测量师，受到了皇室的赞助和支持。1702 年，他在泰晤士河测量时不幸溺亡。

26

波斯星盘

穆罕默德·哈利勒、穆罕默德·巴齐尔·伊斯法罕

星盘最初由古希腊天文学家设计，后经伊斯兰学者发展，成为天文计算器。在延续至今的传统中，学者的工作都依赖天文学。例如，伊斯兰历法以月亮的每月周期为基准，祈祷的时间和方向则由太阳决定。星盘与天文学书籍和其他仪器是测量太阳和恒星运动的有效工具，能够进行基本的运算。

这台仪器与大多数星盘一样，是艺术和数学的完美结合。它由一系列薄金属盘组成，每个金属盘代表特定纬度，嵌套在一起形成母盘。该星盘为波斯（今伊朗）的什叶派穆斯林设计使用，边缘雕刻着对先知、法蒂玛（伊斯兰教创始人穆罕默德之女，编者注）和十二伊玛目（伊斯兰教教职称谓，编者注）的祈祷。最上层的网盘是精心设计的花卉和叶片形状，尖端指向某些星座。当网盘自左向右转动时，顶端在曲线上的移动代表星辰的起落。

母盘背面的刻度体现了它的多功能性。例如，伊斯兰学者能够利用星盘确定圣地麦加的方向，以确定祷告方向。母盘背面上半部分的一半为同心圆，另一半为网格，根据太阳在黄道带背后的恒星位置表示日期。还有一组线条，分别代表该地区从中心到边缘的重要城市。天文学家通过找到相关城市线和日期变更线的交点，确定太阳的高度。而后，测量太阳在天空中的方向，确定麦加的方向与太阳到达特定高度时在地平线上对应的点。

背面的下半部分有一个正方形阴影，用于测量山脉和建筑物的高度。中间的圆章上刻着制作者的签名:“伟大的真主的卑微信徒穆罕默德·哈利勒·伊本·哈桑·阿里制造。”下书雕刻师“穆罕默德·巴齐尔·伊斯法罕”。在多个星盘上发现了上述签名，表明这两位工匠在伊斯法罕与仪器制造商合作十分紧密。

图为金黄铜制波斯星盘，凯尔德藏品（AST0535）；
尺寸：246mm × 185mm；
1707～1708 年在伊朗伊斯法罕制造。

27

英国南海公司纹章

罗伯特 · 琼斯

1711 年，英国的南海公司成立，垄断了英国与南美洲的贸易。当时英国正与西班牙交战，西班牙作为殖民国家在南美洲发展贸易的短期前景黯淡。结束了西班牙王位之争的《乌德勒支和约》给予英国在未来 30 年向西班牙美洲殖民地供应黑奴的权利。这一权利被交予南海公司，为其经营提供了商业基础，直到 1718 年英国与西班牙再次爆发战争。南海公司还有另一个目标，即管理和减少债务。在一系列复杂而有漏洞的金融交易中，该公司及其股东承担了政府债务，将债务转化为股票。1720 年，以暴利吸引公众的注意力，一时间吸引全民疯狂购买股票，解决了国家的债务危机。股票价格急剧飙升，直到 8 月初达到了 1000 英镑 / 股。随即南海“泡沫”破灭，股价在次月暴跌至 150 英镑，个人投机者倾家荡产。富商大量投资以期巨额回报，大部分公众则大肆举债购买股票，最终破产。政府介入后，没收了公司财产，对因破产陷入赤贫的公众进行了部分救济。同时，新的更安全的机制被引入政府债务管理，在英格兰银行的牵头下建立了健全的金融体系。正如最近英国央行应付类似的投机危机。

1711 年 10 月 31 日，南海公司被授予纹章。纹章中央的图章上有载着帆船的波峰，由手持盾牌、长矛的不列颠尼亚（不列颠守护女神，编者注）和身披渔网、高举一串鱼（现已丢失）的渔夫支撑着。该版本的纹章由罗伯特 · 琼斯制作，悬挂于位于伦敦的公司总部。1710 ~ 1721 年，英国伍尔维奇船坞的雕刻师罗伯特 · 琼斯在格林尼治皇家海军海员医院雕刻了大量木雕和石雕，至今还能看到。

图为带有彩色装饰的木质南海公司纹章（HRA0043）；
尺寸：2184mm×1346mm；1711～1712 年可能在英国伍尔维奇制造。

天文闹钟

乔治·格拉汉姆

第一位使用这台闹钟的是英国第三任皇家天文学家詹姆斯·布拉德利。1748年，他从当时伦敦最著名的钟表和科学仪器制造商乔治·格拉汉姆手中购买了这台“室内闹钟”。和格拉汉姆所有的作品一样，这台闹钟也有一个独特的编号“667”，表明制造于18世纪20年代中期。因此，它要么是库存已久的物件，要么是作为翻新品出售的。

这种铜框钟表通常被称为灯钟，是17世纪极为常见的一种。由于通常由铁匠制作，被认为是长壳钟的近亲。这台闹钟却制作精美，质量上乘，几乎没有磨损。机芯采用边缘擒纵机构，这是相当传统的设计。这台钟表的边缘上有两个空螺纹孔，原本应该装置微小弹簧，以减少“滴答”声，避免影响睡眠。

闹钟是天文学家必不可少的仪器之一。不仅需要记录观测过程中恒星经过的准确时间，还可用来确保天文学家在完成夜间任务时保证睡眠。

这不是格林尼治皇家博物馆收藏的唯一一台闹钟，却是皇家天文台使用过的最古老的闹钟。19世纪初，天文台的助理托马斯·泰勒发明了新型的天文学闹钟可追踪地球自转（或称恒星时），钟上有一系列钉孔，每个钉孔代表一颗恒星位置围绕一个24小时的刻度盘运动。可在适当的钉孔中放置钉子设置夜间观测的相应闹钟。

1932年，为对格林尼治皇家博物馆保存的仪器进行合理改造，该闹钟和其他钟表被卖给了一位古董商。随着20世纪科技的飞速发展尤其是石英表技术的引入，历史悠久的机械钟表迅速退出历史舞台。2013年，大英博物馆买下了这台闹钟，才使它再次回到格林尼治。

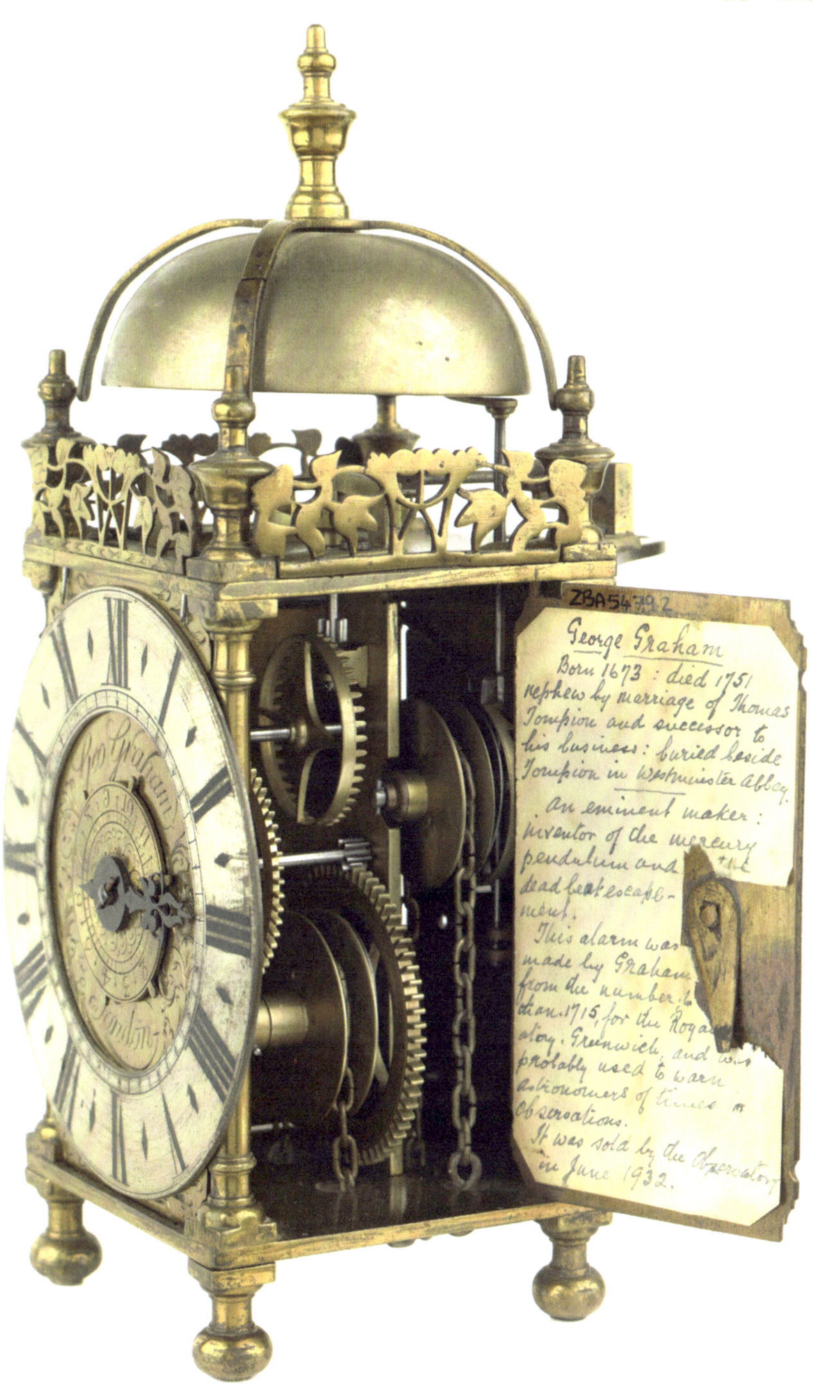

图为使用黄铜、钢制成的天文闹钟（ZBA5479）；
尺寸：224mm × 105mm × 118mm；
17 世纪 20 年代中期在英国伦敦制造。

半身像《艾萨克·牛顿爵士》

路易－弗朗索瓦·鲁比利亚克

英国自然哲学家、天文学家、数学家艾萨克·牛顿爵士（1643—1727）是科学史上的重要人物。1687年，他发表了《自然哲学的数学原理》，阐述了运动定律和万有引力，奠定了力学基础。他还发明了第一台反射望远镜，找出了光的性质，并发表在《光学》上。因此，格林尼治皇家天文台应当拥有他的半身像，更何况是18世纪法国雕塑家路易－弗朗索瓦·鲁比利亚克的雕塑作品。然而，这件作品经历坎坷。

牛顿去世后，其侄子允许雕刻家迈克尔·里斯布莱克制作他的面部模型。1731年，鲁比利亚克受委托利用这些模型制作了半身像。这尊半身像后来被外科医生约翰·贝尔齐尔收藏，他表示鲁比利亚克“在坎德特先生和艾萨克·牛顿爵士的几位特别的朋友的注视下完成的……并认为是十分神似的牛顿爵士现存作品”。1785年贝尔齐尔逝世，这尊半身像被赠予皇家学会，放置在皇家天文台。几年后，半身像头部被损坏，经过修补并涂成白色，以掩盖修复痕迹。后来，工作人员曾认为这是一尊廉价的牛顿半身像。第二次世界大战期间，这尊像仍留存在天文台，偶尔还被戴上一顶锡盔。1961年，皇家格林尼治天文台已搬至苏塞克斯的赫斯特蒙索。当时，这尊半身像被除去油漆，在大英博物馆接受了专业修复。1998年，天文台关闭时，这尊像被大英博物馆收藏，后归还给皇家天文台。

鲁比利亚克以雕塑半身像成名，1738年，他为伦敦沃克斯豪尔游乐花园制作的亨德尔大型雕像，奠定了他在业内的地位。随着事业蓬勃发展，他为威斯敏斯特的圣马丁教堂制作了亨德尔纪念碑。鲁比利亚克逝世后安葬在威斯敏斯特的圣马丁大教堂，在他画室附近。

图为陶土半身像《艾萨克·牛顿爵士》，格林尼治皇家天文台藏品（ZBA1640）；
尺寸：740mm×500mm×290mm；1731 年在英国伦敦制造。

弗雷德里克王子游船

威廉·肯特、约翰·霍尔和詹姆斯·理查兹

这艘皇家游船建造于 1731 ~ 1732 年，是为乔治二世和卡罗琳王后的长子威尔士亲王弗雷德里克（1707—1751）建造的。这艘游船极大程度上体现了 18 世纪工艺的典范。

弗雷德里克是艺术的热心拥护者，他雇用的工匠也是当时最顶尖的。著名建筑师威廉·肯特（1686—1748）在游船的布局、船舱结构和整体装饰方面发挥了很大作用；1721 年，詹姆斯·理查兹接替格林林·吉本斯成为雕刻大师，承担了复杂精致的雕刻工作；船体和舱室建造由著名的造船师约翰·霍尔承担。船体可以看作是泰晤士河上摆渡船的放大版——在当时这是河上公共交通工具。船体全长约 19 米，横梁约 2 米，由叠瓦式木料建造。悬伸艏的设计使得乘客能够直接从岸边上下船。最初，这艘游船由 12 名皇家船夫划桨，每边 6 人，但在维多利亚女王统治期间，增至 21 人，一边 10 人，另一边 11 人。

1732 年 7 月，这艘游船下水，当天弗雷德里克王子就乘坐

了，足见他对这艘游船的盼望十分热切。晚上，王子、卡罗琳王后和五位公主乘这艘游船从切尔西医院到萨默塞特宫。在弗雷德里克的一生中，这艘游船多次用于重要场合，尤其是迎娶新娘萨克森 – 哥达的奥古斯塔公主时。公主抵达英国后，在王后宫居住了两晚。1751 年，王子去世后，这艘游船成了皇家游船，还出现在 1806 年 1 月 8 日给纳尔逊送葬的队伍中。1849 年 10 月，阿尔伯特王子和其他两名王子参加伦敦煤炭交易所揭幕仪式时，是这艘游船最后一次公开亮相。

1863 年，这艘游船在德特福德存放数年后，为维多利亚女王所修复，并移至温莎大公园的弗吉尼亚水湖。1873 年，据报道，这艘游船已经破败不堪，直到 1892 年才得到修复并被借至国家海事博物馆收藏至今。

图为弗雷德里克王子游船（编号：BAE0035，借自女王陛下）；
主要材料：木材、油漆、镀金、清漆、金属、纺织品、玻璃；
尺寸：19200mm × 2000mm；1731 ~ 1732 年在伦敦朗博思区建造。

31

航海钟“H1”

约翰·哈里森

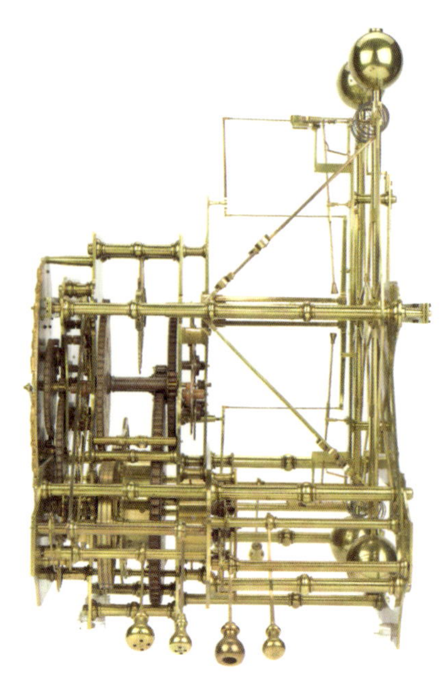

若是没有英国皇家天文台第二任皇家天文学家埃德蒙·哈雷的建议，这台非凡的航海钟就不会问世。18世纪20年代，钟表匠约翰·哈里森（1693—1776）带着制作经度计时仪的想法首次来到伦敦。他将这一想法告诉哈雷后，哈雷鼓励他去拜访伦敦最负盛名的钟表制造家乔治·格雷厄姆。

在制造全木制系列高精度摆钟的过程中，哈里森萌生了这一想法。他通过使用最熟悉的材料，成功地使木质摆钟在不使用润滑油的情况下运行。他的另一项发明是栅形补偿摆，通过用不同膨胀速率的铜杆和铁杆相互制约，保证摆钟精准。大概是栅形补偿摆的发明给格雷厄姆留下了深刻的印象，他为哈里森建造第一台航海钟提供了赞助。

哈里森用了大约五年时间完成了航海钟“H1”的制作。像他早期制作的摆钟一样，这台钟的齿轮几乎全部由橡木制作，无论是在视觉上，还是概念上，在当时都是独一无二的。

一对平衡杆应用了哈里森设计的几乎无摩擦力的蚱蜢式擒纵机构相向摆动，从而抵消了外部物理影响。

这台航海钟获得了伦敦科学界精英的认可，并安排在前往葡萄牙里斯本的航船上进行测试。出航时航海钟表现不佳，但返航时就稳定多了，哈里森用它准确地识别出了陆地的方向。通过辨别“蜥蜴”号和“起点”号的方位，他准确地指出了危及航行安全的埃迪斯通岩礁的位置，将领航员推算的经度修正了1度26分。

这一证明材料被提交给伦敦的经度委员会，他们决定赞助哈里森建造一台更精进的航海钟。此后 20 多年，哈里森本着精益求精的精神，又制造了两台大型航海钟，以及一台手表大小的航海钟“H4”，最终解决了困扰航海多年的难题。

图为航海钟“H1”的复制品，编号：ZAA0034，高 673mm；
主要材料：黄铜、钢铁、橡木和愈创木；
1735 年在英国亨伯河畔的巴罗完成制造。

32

《船舱中的船长乔治·格雷厄姆勋爵》

威廉·贺加斯

这幅画体现了威廉·贺加斯（1697—1764）在艺术创作中最重要、最具创新性的表现形式——家族肖像画。这种绘画形式起源于荷兰和法国小型集体肖像，通常表现小规模社交或家庭聚会场景。家族肖像画倾向于展示家庭成员，偶尔也有狂欢场景。这类聚会场合既可能是华丽的会客厅，也可能是私人花园、小酒馆等公共场合。这幅画作的背景是在船上，据目前考证，在画家的作品中是独一无二的。

乔治·格雷厄姆勋爵（1715—1747）是一位出身贵族的海军军官，是第一代蒙特罗斯公爵的小儿子。画面中，他坐在雅致船舱里的右侧，身边围绕着同伴和帮佣。贺加斯将他描绘得非常潇洒，头戴丝绸头巾，肩披红色皮毛斗篷，一边抽着烟斗，一边欣赏着乐曲。他身后一名船员和着黑人乐师的笛声和手鼓鼓点演唱着，另一位坐在桌子对面，手拿一本打开的航海日志的人是船长的助手。从表情和姿势看，他似乎打算与格雷厄姆讨论航行事务，而格雷厄姆仿佛沉浸于音乐之中。画面左边，一位管家或厨师兴致勃勃地为在座各位送上餐食，由于也沉浸于音乐，未注意到盘子里的酱汁滴在助手的背上。

贺加斯经常将狗这一元素融入画作中。这幅画中，一只狗蹲在助手身旁，伴着音乐吠叫，而另一只狗戴着假发，扮作另一位表演者，看着靠在空酒杯上的乐谱“歌唱”。

这种微妙而复杂的画面表现形式，与格雷厄姆短暂的职业生涯中一段艰难时期有关。18世纪40年代早期，格雷厄姆在航行问题上与其他军官产生了重大分歧，随后出现了短暂的情绪崩溃。贺加斯的画作正是描绘了在这种情形下，他的同伴们用食物、音乐和狗的滑稽行为取悦他，尝试帮他恢复。

图为布面油画《船舱中的船长乔治·格雷厄姆勋爵》，凯尔德藏品（BHC2720）；
尺寸：685mm×889mm；创作于1742～1744年。

33

《泰晤士河北岸的格林尼治皇家海军海员医院》

乔瓦尼·安东尼奥·卡纳尔

乔瓦尼·安东尼奥·卡纳尔（1697—1768）是一位意大利艺术家，又称为卡纳莱托，他以威尼斯的城市景观画和基于威尼斯景观的想象画而闻名于英国。18 世纪，威尼斯是意大利的文化象征之一。卡纳莱托在英国游客中的盛名，部分得益于他对威尼斯景点和运河优雅大气的描绘，以及作品中融入了日常生活细节；还得益于其好友兼赞助人约瑟夫·史密斯的宣传。史密斯是一位富有的艺术鉴赏家，自 1743 年担任英国驻威尼斯领事。

卡纳莱托于 1746 年赴伦敦，他熟知英国社会精英的艺术品位和生活方式，因此他在作品中对伦敦的描绘和诠释极易得到赞赏。之后九年里，他主要待在英国，创作了 48 幅英国主题画作，其中有 35 幅描绘了伦敦，内容有泰晤士河景观、圣保罗大教堂等地标建筑。卡纳莱托首次画格林尼治皇家海军海员医院是在 18 世纪 30 年代末，当时他还在威尼斯，以地形版画为指引创作了这幅作品。这幅作品可能是在泰晤士河畔的约瑟夫·史密斯住处绘制的。

与他早期描绘格林尼治的作品相比，这幅画作的低视角更写实，对现场的描绘也更准确。由此可推断，卡纳莱托到过格林尼治，并在泰晤士河北岸写生。除

图为布面油画《泰晤士河北岸的格林尼治皇家海军海员医院》，凯尔德藏品（BHC1827）；尺寸：686mm × 1067mm；创作于 1750 ~ 1752 年。

了观赏景色以外，卡纳莱托还注意到了格林尼治建筑艺术的宏伟。

卡纳莱托将经典建筑的对称性和前景中泰晤士河上各种船只的不对称性同时体现在画面上，创造了画面构图的多样性。同时，卡纳莱托也融入了他在威尼斯景观画中的视觉元素，例如船桨和桅杆，而画面右侧前景中倾斜的船只体现了不同于英国人的异想天开。像其他伦敦景观画一样，卡纳莱托拉长了中心远景的距离，并将前景色调调暗，与远处阳光普照的景象形成了对比。

《尊敬的海军上校奥古斯都·凯佩尔》

乔舒亚·雷诺兹爵士

18世纪40年代，处于职业生涯早期的英国画家乔舒亚·雷诺兹（1723—1792）在普利茅斯码头（今德文波特）为当地海军军官绘制肖像。到18世纪60年代，他已成为重要的肖像画家。这幅著名的奥古斯都·凯佩尔（1725—1786）全身肖像于18世纪50年代开启了雷诺兹在伦敦的画家事业。这一定程度上得益于他选择了海军英雄、贵族凯佩尔，并将凯佩尔描绘成一位无所畏惧的勇者。这幅画绘制于1752年，当时的罗马是欧洲艺术文化中心，也是贵族旅行的最终目的地，雷诺兹沉浸在古典和文艺复兴及当代艺术之中，不知不觉延长了停留时间。1749年，他认识并结交了克劳德·约瑟夫·韦尔内，韦尔内是当时公认的法国著名风景画家和海景画家。从这幅画中，可以看出韦尔内对雷诺兹的影响。

雷诺兹吸收了意大利艺术家蓬佩奥·巴托尼的肖像画和韦尔内的风景画和海景画的特点。对于凯佩尔的姿势，他参考了17世纪的雕像《望楼的阿波罗》，这座雕塑是巴托尼的肖像画中常常融入的艺术象征。画面中，凯佩尔大步走过一片贫瘠、崎岖的海岸线，正如韦尔内或小威廉·范·德·维尔德构思出的暴风雨场景。雷诺兹的传记作者詹姆斯·诺斯科特说道，1747年凯佩尔的船“梅德斯通”号在追赶法国私掠船时，在布列塔尼海岸附近失事，此事为这幅画的构思提供了思路。因此，这幅画巧妙地强调了国家竞争、冲突和海难之间的联系，同时展示了如何利用欧洲海景绘画方式从视觉上表现这一戏剧性主题。

这一效果说明了雷诺兹对观众感受的关注，这幅画多年来一直在他伦敦的工作室内展出。参观者会有凯佩尔从风暴中走来的观感。当将凯佩尔的肖像与托马斯·庚斯博罗的奥古斯都·赫维肖像进行对比，就可看出雷诺兹在融合两种看似截然不同的当代艺术流派方面取得的重大突破。

图为布面油画《尊敬的海军上校奥古斯都·凯佩尔》，凯尔德藏品（BHC2823）；尺寸：2390mm×1475mm；创作于1752～1753年。

35

半身像《沃尔特·雷利爵士》

约翰·莱斯布雷克

英国辉格党政治家、第一代科巴姆子爵理查德·坦普尔，在18世纪上半叶花费了大量的时间和金钱改善他在斯托的庄园。这项工作由英国设计师威廉·肯特承担，是科巴姆子爵政治信条的实物体现：反对首相罗伯特·沃波尔爵士。肯特计划于1734～1735年建造英国名人殿，这是一项愚蠢之举，包括16个壁龛，用来容纳通过思想或行为体现科巴姆信仰的名人半身像。作为当时的著名雕塑家，约翰·莱斯布雷克和彼得·辛美克斯各雕刻了八座。每个壁龛上方都刻着对应的铭文，简述了人物的入选理由。

沃尔特·雷利爵士（1554—1618）的铭文上书："一位勇敢的战士，一位有才干的政治家；他努力唤醒统治者，为了国家荣誉，对抗野心勃勃的西班牙，他却在所征服、反对过的势力的影响下牺牲了。"雷利爵士的半身像是莱斯布雷克为他的客户爱德华·利特尔顿爵士制作的八座半身像中的一件。它们是四对，作为新古典主义装饰品陈列在其位于斯塔福德附近的宅子里。雷利与培根是一对，奥利弗·克伦威尔与弥尔顿一对，莎士比亚与蒲柏、牛顿与洛克各为一对。利特尔顿也是一位辉格党政治家，在30年的议员生涯中，他仅在下议院发表过一次反对征收砖税的演讲。

约翰·莱斯布雷克（1694—1770）出生于安特卫普，于1720年迁居伦敦，在伦敦成名并冠名"麦克"。他很快就成了著名雕塑家，陶俑作品尤其受到赞誉，这座半身像展示了他的才能。培根和克伦威尔的半身像也收藏于格林尼治皇家博物馆。

图为赤陶半身像《沃尔特·雷利爵士》，
凯尔德藏品（SCU0043）；尺寸：610mm×508mm；
创作于1757年

36

航海钟“H4”

约翰 · 哈里森

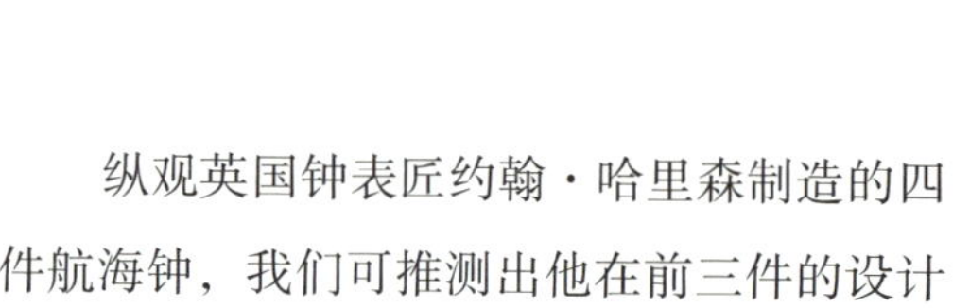

纵观英国钟表匠约翰·哈里森制造的四件航海钟，我们可推测出他在前三件的设计中不断改进，进而设计了第四件。然而，“H4”的设计与他早期设计的计时器并无关系。从外观看，“H4”比同时期的怀表大得多。机芯在装饰精美的珐琅表盘背后，与当时的怀表机芯有着密切的联系，却又有本质的区别。

其中一项变化就是平衡杆，以一个匀速摆动的机轮控制钟表的速度。哈里森在设计中采用了直径更大、速度更快的平衡杆，它在摆动时有了更高的动能和更强的弹性以应对外力。另一项改进是针对发条机制，每 7.5 秒对手表进行一次回拨。哈里森在前三件中都使用了这种装置。“H2”的发条大约每 3.75 分钟回拨一次，H3 的发条每 30 秒回拨一次，有效降低了啮合摩擦对计时的影响，为擒纵机构提供了接近恒定的扭矩，提高了稳定性和准确性。

这些技术上的小创新极大地改变了钟表计时的准确性。在 1764 年至巴巴多斯的航行中，156 天的误差仅 54 秒，这一成就表明，钟表是十分可靠的航行仪器。然而，经度委员会对此并不满意，他们认为这款钟表的优异性能可能出于偶然，要求制作副本，再测试证明该设计性能是否稳定且出色。1772 ~ 1775 年，詹姆斯·库克船长第二次在太平洋远航时，测试了拉库姆·肯德尔制作的“H4”钟表的复制品“K1”，证明了计时法测定经度的可行性。库克船长称“K1”是“值得信赖的朋友”和“永不失败的向导”。

“H4”设计过程中达成的技术成就，对现代机械钟表设计产生了持久影响。此外，它也见证了约翰·哈里森执着的信念。直至 18 世纪中期，他明显非常关注大型航海钟的实用性，能够进行多年设计且不断修改，还能根据情况重新开始设计，这种精神真是令人钦佩。

图为航海钟“H4”，编号：ZAA0037；直径：132mm；
主要材料：银、玻璃、珐琅、黄铜、红宝石、铁、钻石和玻璃；
1759 年在英国伦敦制造。

37

“胜利”号的船首像模型

威廉·萨维奇（据考）

英国皇家海军“胜利”号于1765年下水，插图为船首像模型，展现了原始细节。这一设计象征着英国在“七年战争”（1756—1763）中战胜法国和西班牙。雕像顶部是一位穿着古典服饰，身披盔甲，佩戴月桂花环的人物。这位人物代表国王乔治三世。下面是一面刻有英国国旗的雕花盾牌，周围是代表四种风的小天使的头像。根据原文描述，他们奉命“从四面八方带来胜利”。

右舷（右图）是不列颠守护女神，和平使者为她戴上桂冠。女神由欧洲人和美洲人支撑着，踩在代表嫉妒、不和谐和战争的人物上。不列颠之狮站在拱门后。左舷（左图）是胜利女神像，她在亚洲人和非洲人的支撑下，将以五头蛇为代表的叛军踩在脚下。她身后是戴着皇冠的名誉天神，天神身下是刻着王室盾形纹章的加冕铭牌。手持罗盘的人物和地球仪旁的人物代表航海。

尽管没有明确的依据，但人们一直认为这是威廉·萨维奇雕刻的作品。最初，海军委员会和奇克利家族签订了雕刻船首像合同。1713～1770年，理查德·奇克利是查塔姆和希尔内斯造船厂的雕刻大师，由阿比盖尔·奇克利（可能是他妻子）和伊丽莎白·奇克利（可能是他女儿）协助。记录显示，从1764年开始，理查德与伊丽莎白搭档，直到他们于1765年8月14日与威廉·萨维奇签订了“胜利”号雕刻工程合同。原始合同规定，雕刻师须制作“一个黏土材质且内容丰富的‘胜利’号船首像模型”。模型下落以及雕刻工匠姓名已不得而知，但这座雕刻品极有可能是复刻品。在1777年首次海上航行前，“胜利”号一直停放在船厂。在1800～1803年，“胜利”号重建后安装了现有的简约船首像。

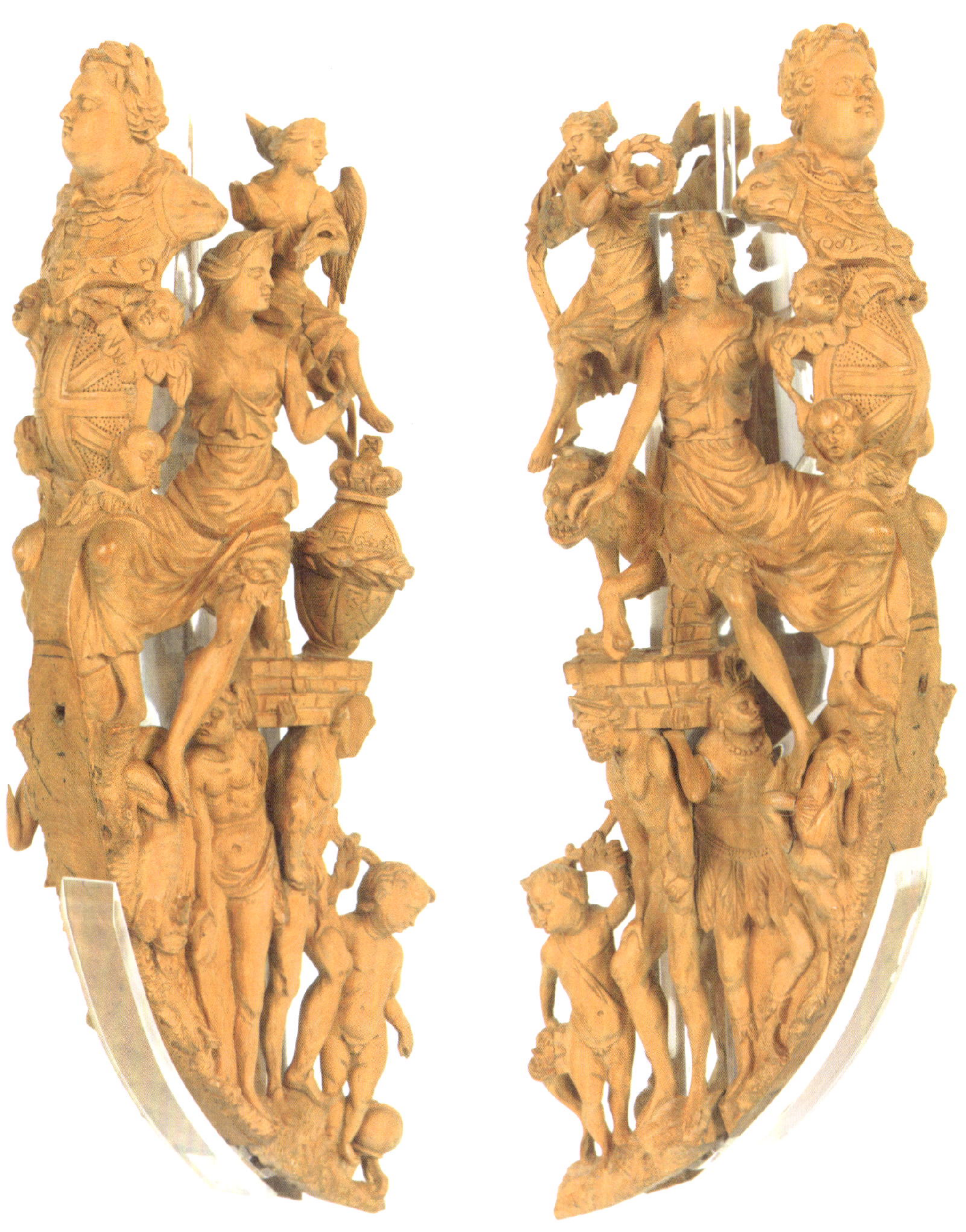

图为用黄杨木雕刻的“胜利”号的船首像模型，凯尔德藏品（SLR2530）；
比例：1 ∶ 24；尺寸：200mm×65mm×80mm；可能于1765年在英国查塔姆完成。

38

内维尔·马斯基林的观测套装和其妻索菲亚的紫色绸缎晚礼服

在寒冷的夜晚观测星空时，如何保暖是天文学家长久面临的问题，但对于第五任皇家天文学家内维尔·马斯基林（1732—1811）来说，这种18世纪的保暖套装是十分实用的。1765年，马斯基林来到皇家天文台，开始从事测量恒星位置等艰苦工作，以帮助航海家确定经度。每个晴朗的夜晚，他和助手都会通过架设在本初子午线上的望远镜观测恒星，耐心地听附近的钟声，记录恒星经过的精确时间。这套红黄相间的棉衣由印度丝绸制成，以羊毛、亚麻和棉絮做内衬，用来御寒隔热，裤子臀部则做了额外填充，能够缓解天文学家长时间坐在观测椅上的辛苦。尽管观测是件苦差事，但付出必然是值得的：观测数据被整理并以年鉴的形式出版，航海家们能够在半小时内计算出经度，大大压缩了用时。

作为皇家天文学家，马斯基林按照要求住在天文台，弗拉姆斯特楼的卧室就成了他的家。1784年夏天，在表兄乔治·布斯和莉蒂夏·罗斯小姐的婚礼上，他见到了新娘的妹妹索菲亚·罗斯（1752—1821），两人于一个月后在霍尔本的圣安德鲁举行了婚礼。图中这件精致的绸缎礼服极有可能是索菲亚婚礼当天所穿，这件礼服是当年的旧款，这可能是由于当时资金有限。索菲亚极有可能将现成的连衣裙用锦缎修饰裁改后用作晚礼服。从后期的肖像中可以看出，作为皇家天文学家的妻子，有了更稳定的收入后，索菲亚沉浸在对时尚的追逐和热爱中。

这对新婚夫妇回到天文台一年后，索菲亚生下了女儿玛格丽特。马斯基林详细地记录了玛格丽特的成长点滴，从她迈出第一步和断奶，直到她童年患病和就学，让我们得以一窥当时在天文台的生活。这家人生活在格林尼治，直至 1811 年 2 月 9 日马斯基林逝世，此后，索菲亚和玛格丽特搬到了威尔特郡的家族庄园生活。

图为内维尔·马斯基林的观测套装和其妻索菲亚的紫色绸缎晚礼服。
观测套装（ZBA4675-6）长 1600mm，其材料：羊毛、丝绸、棉麻；
晚礼服（ZBA4678）长 1420mm，其材料：真丝锦缎、蕾丝。
观测套装于 1765 年在英格兰制成；晚礼服于 1784 年制成。

39

《“贝齐”号航海日志》

尼古拉斯 · 波科克

尼古拉斯·波科克（1740—1821）出生于英国布里斯托尔，他父亲是一名商船海员。17 岁时，他成了当地一位商人的学徒，两年后他的父亲去世了。1766 年，波科克已作为“劳埃德”号的船长，多次航行至美国南卡罗来纳州的查尔斯顿；30 岁时，他率领“贝齐”号，前往重要的地中海贸易中心——意大利港口城市利沃诺。

航海日志是记录每日航向、速度、天气状况以及船员身体和受惩等情况的文书。但波科克不这么认为，他几乎每天都绘制一幅水彩插画。这些插画水平极高，传达了丰富的信息。日志中记载“贝齐”号于 1770 年 2 月 28 日离开布里斯托尔，但还未抵达科克，就被寒冬耽搁了：“东北方有大风，伴随雨雪。目前正在清理货舱。3 月 17 日，风依然很大，转为东风，船只无法出发”。几天后，“贝齐”号终于启航，日志记载了一件悲惨事故：“一阵狂风抑或旋风刮走了桅杆，威廉·吉伦在收起前桅大帆时溺亡。”这趟航行用了近一个月时间才到达西班牙加迪斯，在直布罗陀又待了 24 天，在离开布里斯托尔三个多月后，抵达了利沃诺。在停留 50 天后，又用了 40 天装载货物。这趟航行共用时九个月。

在地中海航行时，波科克一直在培养自己的绘画技巧。虽然他从未画过人物或船上的生活，但“贝齐”号的每个形象在日志中都十分鲜活。尽管波科克于 1778 年离开海洋，成了一名艺术家，乔舒亚·雷诺兹建议他“把调色板和画笔带到水边”，发挥海景绘画的天赋。随后，他创作了数百幅油画、水彩画和其他绘画作品，因对海军行动准确逼真的描绘而广受赞誉。《“贝齐”号航海日志》记录了一次漫长而乏味的航行，却是 18 世纪海上生活的真实写照。

图为皮面装饰的水彩手稿《"贝齐"号航海日志》(LOG/M/3);
尺寸:320mm×220mm;1770年在海上书写、绘制。

英国皇家三级战舰“贝洛纳”号的船模

托马斯·伯克特和威廉·汤普森

“贝洛纳”号配有74门炮，英国皇家海军可能将其船模展示给乔治三世以提高他的兴趣，并为英国舰队的铜制船体项目争取资金。船体的水下部分受海洋软体动物、藤壶和杂草生长的影响，皇家海军须定期进行价格高昂的维护。18世纪60年代，人们发现用铜包覆船体能有效地降低维护费用，但所有船体包铜花费巨大。

虽然没有明确证据表明这艘船模是用来向国王演示所用，但海军监察官、覆铜工程推动者查尔斯·米德尔顿爵士后来写道：“我自信我们能够安全地为舰队的每艘船底部覆铜……我私下向桑威奇勋爵提起这个方案……后来我陪同他前往白金汉宫，并详细解释了这项工作，乔治三世立即下令执行这一方案。”当时，他是这艘船模的所有者，博物馆于1977年从他的后代手中获得了这艘船模。通过内窥镜检查这艘船模时，人们发现了一张粘在内部的旧纸币，证明了这艘船模的制造者是查塔姆造船厂的托马斯·伯克特和威廉·汤普森，建造年份为1759年。可能是为了将它作为米德尔顿的示范项目，它于18世纪70年代镀了铜。模型底座有便于携带的手柄，进一步印证了上述观点，同时，这也是现存最早使用铜的模型之一。乔治三世是覆铜项目的早期见证人：1778年5月8日，在访问朴次茅斯期间，他用近半小时察看了“工人为一艘配有28门炮的军舰加装铜底”。

这艘船模是格鲁吉亚风格，被放置在一个下水滑道上，体现了同一时期战舰的配色和雕饰风格。

图为英国皇家三级战舰“贝洛纳”号的船模，编号：SLR0338；比例：1∶38.4；主要材料：果木、清漆、骨器、棉花、黄铜、云母、康柏、砾石、油漆、象牙；尺寸：560mm×1600mm×370mm；1759～1776年在英国查塔姆造船厂完成制造。

41

《袋鼠》

乔治·斯塔布斯

英国科学家约瑟夫·班克斯参加了詹姆斯·库克的首次航行，这次航行主要以科学发现为目的。返回后，班克斯委托乔治·斯塔布斯（1724—1806）创作了画作《袋鼠》和《澳洲野狗》，这是西方艺术中最早对此种动物的描绘。

这次及随后两次航行开创了海上探险的新时代，对探险者和被探险地的文化、政治和社会产生了深远影响，并获得了重大科学成果。真正吸引公众和科学界的是发现新大陆、新物种、新民族。对科学研究的焦点和成果的关注，主要归功于班克斯和随行人员：画师亚历山大·巴肯和植物学家悉尼·帕金森。其中，帕金森创作了逾 800 幅人物、植物和动物的画作。

斯塔布斯是英国当时重要的动物画家。《袋鼠》和《澳洲野狗》是他仅有的两幅描绘澳大利亚本土动物的画作，也是仅有的两幅不是取材于动物本身的画作。由于并未见过动物活体或标本，他只能根据班克斯提供的书面或口头描述进行创作,《袋鼠》这幅作品，他还参考了帕金森画的一组素描和班克斯带回的袋鼠毛皮。

借助库克首次航行引发的话题和新鲜度，斯塔布斯于 1773 年在伦敦艺术家协会展出了这两幅画，立刻引发了公众对这两种此前不为人知的动物的关注。1773 年下半年，继斯塔布斯的《袋鼠》之后，英国作家约翰·霍克斯沃思出版了一本关于太平洋航行的畅销书。从 1777 年开始，班克斯将规模日益扩大的标本和相关艺术品收藏在伦敦苏荷广场 32 号,《袋鼠》《澳洲野狗》以及纳撒尼尔·丹斯绘制的库克船长肖像也陈列在这里。这里基本上成了一所博物馆和研究机构，来自欧洲各地的科学家和政治家都在这里会面。

图为红木油画《袋鼠》(ZBA5754);尺寸:605mm×715mm;
1771年描绘、使用蜂蜡完成制作。在文物遗产彩票基金、埃亚尔和玛丽莲·奥弗基金会(前埃亚尔·奥弗家族基金会)、纪念碑信托基金会、艺术基金(沃尔夫森基金会出资)、克罗斯维特遗赠、萨克勒信托基金、哈里·贾诺里爵士、哈特尼特保护信托基金、布拉·理查森和安东尼·尼克松、皮件贸易公司、盖客慈善信托、吉纳维夫·穆因泽等资助下获得。

英国皇家一级战舰“乔治”号的船模

托马斯·巴勒斯、约瑟夫·马歇尔

1771 年，桑威奇伯爵四世成为英国首位海军大臣。就任后的首要任务就是让国王乔治三世重视皇家海军。桑威奇组织参观造船厂和舰队，委托制作船模供国王及其长子收藏。

1772 年，皇家海军下令“立即以‘乔治’号为原型制作船模”。图为最终模型，是 18 世纪制作精良的模型。模型的右舷是木板，而左舷则没有木板，以便了解内部布局和配件，如厨具、绞盘和船舱陈设等。

此类模型因外观精美且工艺成熟而备受关注，桑威奇明白这能激发国王的探究精神和对造船工艺的热爱。乔治三世对艺术和科学表现出极大的兴趣，他收集了大量的画作和科学仪器。桑威奇想让乔治三世重视海军，以满足日益增长的船舶需求。1773 年，乔治三世在朴次茅斯视察舰队时表示希望“形成一些关于设计航船方面精妙机制的想法”。

该模型造价高昂，品质优良，细节精美。沿舷墙的横眉是由艺术家约瑟夫·马歇尔绘制的，雕刻装饰则是由德普特福德船坞的雕刻师托马斯·巴勒斯完成的。这艘船模的制作花费了五年时间，最终于 1777 年 7 月呈给乔治三世。

“乔治”号于 1756 年下水，在 1759 年的基伯龙湾战役中成了霍克上将的旗舰。作为一级战舰，它是海军中最大的战舰之一，三层甲板上装载着 100 门火炮。1782 年，“乔治”号在斯皮特黑德海峡维修时意外沉没，大约 900 人丧生，其中包括上船探亲的海员亲属。海军少将肯彭费尔特因被困在船舱里而丧生。威廉·考伯为这场灾难创作了著名诗歌《丧钟为勇士而鸣》。1830 年，威廉四世将该模型赠送给格林尼治皇家海军海员医院。

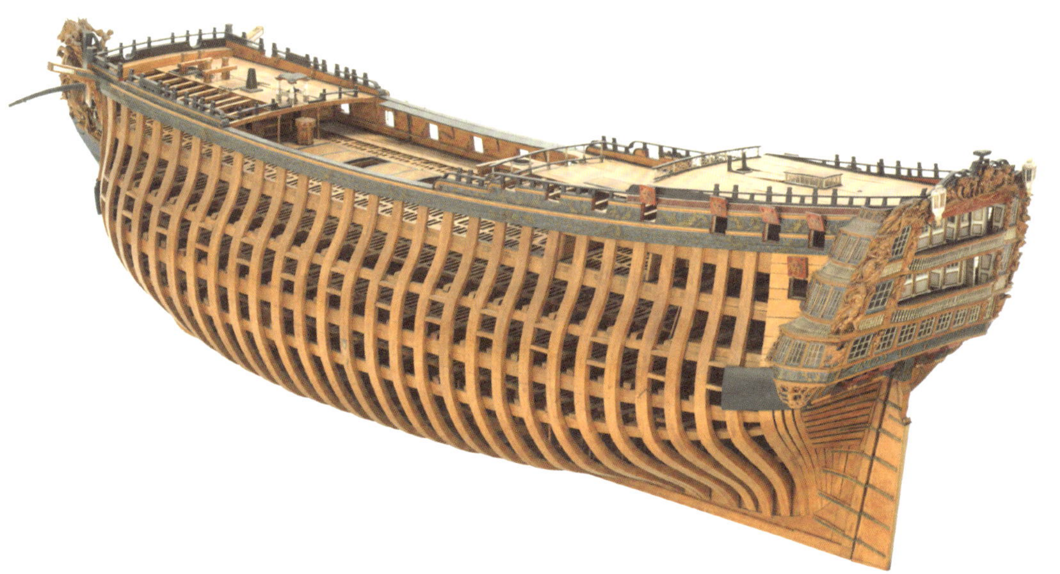

图为英国皇家一级战舰“乔治”号的船模，格林尼治皇家海军海员医院藏品（SLR0336）；
比例：1 ∶ 48；尺寸：440mm×1400mm×340mm；
主要材料：木头、骨头、贝母、黄铜、银、云母、油漆、清漆、镀金；
1777 年制作于伍尔威奇。

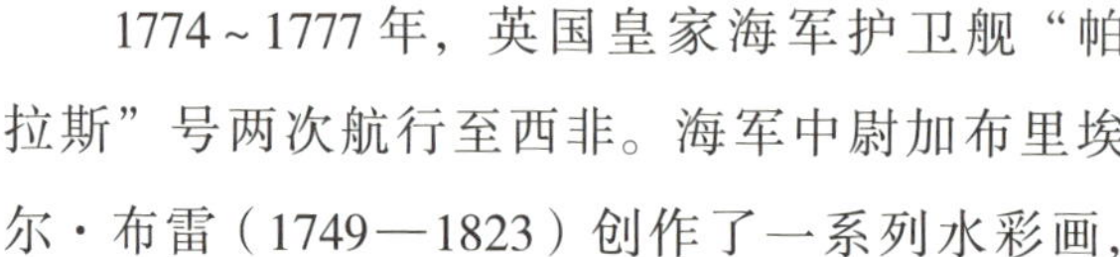

水彩画册

加布里埃尔·布雷

1774～1777 年，英国皇家海军护卫舰“帕拉斯”号两次航行至西非。海军中尉加布里埃尔·布雷（1749—1823）创作了一系列水彩画，描绘了他从朴次茅斯海岸到船上的生活以及西非民俗和风景。这些画作共有 75 幅，后来被人装订成画册。

海军军官学习绘画是训练的一部分，将海岸轮廓画在纸上是测量工作的重要部分，将被印在正式海图上，作为导航的辅助参考。相反，布雷的速写则是个人视觉的“备忘录”，是作为一位业余艺术家为娱乐而绘制的。他的画作体现了敏锐的观察力和对单调生活及人物的捕捉，例如：朴次茅斯的水工和店主、船上捕鱼的海员及甲板上休息的船员，还有布雷剃须和绘画时的自画像（如图）。布雷的西非风景画水平很高，从他绘制的当地人画像可以看出他对当地文化有极大的兴趣。他绘制了一系列非洲人像，展示了沿海地区的编发风格和面部装饰。

1749 年，布雷出生于英国肯特郡，15 岁时加入海军，在舰艇上服役了六年，随后于 1770 年通过了中尉考试。在和平时期，晋升机会十分有限，但他在 1773 年抓住了一次机会。当时，国王乔治三世在朴次茅斯检阅海军，布雷正服役于皇家舰艇“奥古斯塔”号。这位初出茅庐的画家画下了当时现场草图，夜间完成全部绘画工作，次日将画作献给了国王，陛下看了这幅画，提拔他为中尉。所以，绘画的优势不仅体现在测量方面。

图为使用纸张、石墨、水墨描绘的在甲板上休息的船员；
布雷的画作创作于 1774～1777 年，尺寸不一，编号：PAJ1976—2049；
1991 年在航海研究学会麦克弗森基金的资助下通过拍卖会获得。

《库克海峡斯蒂芬斯角的海龙卷》

威廉·霍奇斯

威廉·霍奇斯（1744—1797）14 岁时成了当时英国著名风景画家理查德·威尔逊的学徒兼助手。威尔逊的古典风景画对霍奇斯的职业生涯产生了深远影响。

1772 年，霍奇斯被皇家海军任命为专职画家，陪同詹姆斯·库克船长第二次远航太平洋，寻找传说中的南方大陆。在这次航行中，霍奇斯承担的主要任务是记录所到之处的风土和景色。他绘制了大量的海岸线、风景画——通常以海岸剖面图和地形草图的形式为主，以及肖像画。他还在油画系列中创作了一些外光派作品，大多是小规模的。回国后，霍奇斯既要为库克的官方纪实（1779 年首次出版）绘制素描，又要为皇家海军创作更多的画作，其中有几幅规模宏大，在白厅的海军大楼中展出。直到 1778 年，他才完成了这些工作。此外，霍奇斯还创作了不同风格的作品，如《重游塔西提岛》，在皇家艺术学院和其他当代艺术论坛展出。1779 年，霍奇斯在首任驻印总督沃伦·黑斯廷斯的支持和东印度公司的赞助下，前往印度旅行。

与在印度绘制的画作一样，霍奇斯在库克第二次航行期间和之后创作的画作，对英国人看待人文、风景的观点产生了影响。他在准确观察和从恩师威尔逊、17 世纪欧洲绘画大师（克劳德·洛兰、加斯帕德·杜格特和萨尔瓦托·罗莎等）那里学到的技巧之间寻求平衡。他在风景和海洋绘画艺术（扩展至航海和探索领域）中注入了宗教和神话史诗的宏伟。他绘制的新西兰库克海峡西北入口的斯蒂芬斯角宏大的海岸场景就是最佳例证。霍奇斯将他对海龙卷这种罕见且恐怖的海洋现象的真实体验与古典构图表现形式融合起来，融入了宏大的艺术因素，以激发观众的敬畏之情。在这幅作品中，明暗对比鲜明，白色的水柱与漆黑的天空、海洋同时出现，在大自然的力量之下，库克的船显得脆弱而渺小。这幅画是这次航行中创作的一组画作之一，这组画作目前都收藏在格林尼治皇家博物馆。

图为海洋风景油画《库克海峡斯蒂芬斯角的海龙卷》（BHC1906）；
尺寸：1359mm×1930mm；创作于 1776 年。

《詹姆斯·库克船长》

纳撒尼尔·丹斯

1755年，詹姆斯·库克（1728—1779）加入了英国皇家海军，此前九年，他从事煤炭贸易，穿梭于英格兰东海岸和北海的险恶水域，因而掌握了很多航海知识，对他日后的职业生涯大有裨益。很快，他就被晋升为船长，并对海事勘察产生了兴趣。1759年，他对圣劳伦斯河进行了一次勘察。18世纪60年代早期，他又对纽芬兰海岸进行了一次重要勘察，绘制了高质量、精确的海图。1767年，他被任命为远征队的指挥官，到塔西提岛观察金星凌日现象。第二年，他乘坐的“奋进”号开始了首次太平洋航行，他勘察了新西兰和此前不为人知的澳大利亚东海岸。同行的约瑟夫·班克斯及其团队发现了欧洲科学界前所未见的动植物，采集了标本并记录了这些发现。这次探险取得了巨大成功，航海纪实也成了畅销书，为库克赢得了声誉。

这幅肖像是班克斯委托绘制的，描绘了库克的第二次太平洋航行。这次航行主要探索了南半球高纬度地区，库克绘制了多张航海图，成功地推翻了关于巨大的南方大陆的猜测。1776年5月25日，库克与画家纳撒尼尔·丹斯（1735—1811）“在晚餐前聊了几个小时”。同年6月24日，库克开启了第三次太平洋航行，但没有再回来。他的这幅画像挂在伦敦苏荷广场班克斯家的图书馆里，一同陈列的还有乔治·斯塔布斯画的《袋鼠》和《澳洲野狗》。1829年，班克斯夫妇离世后，这幅画像被赠予格林尼治皇家海军海员医院，并在大厅展出，库克的遗孀在那里见到了这幅肖像。

1779年2月14日，库克在与夏威夷岛原住民的暴力冲突中丧生。他在很多领域留下了遗赠，在探索浩瀚海洋的同时，推动了科学发现，改变了西方人对世界的认识。但他在与原住民的接触中态度并不友好，导致原住民心存不满与怨恨，且对欧洲人的到来抱有敌意。

图为布面油画《詹姆斯·库克船长》，格林尼治皇家海军海员医院藏品（BHC2628）；尺寸：1270mm×1016mm；创作于1776年。

《大西洋海图集》

约瑟夫·弗雷德里克·瓦莱·德巴尔

这张纽约港的地图是四卷对开《大西洋海图集》中的一页，出版于 1779 年。该海图集的产生要追溯到 1763 年，当时英国在北美的殖民地大幅扩张，为更好地沿着殖民地海岸线航行，产生了勘测的需要。瑞士勘测员约瑟夫·弗雷德里克·瓦莱·德巴尔（1721—1824）受命对新斯科舍进行勘测，同时收集了现有的北美海图。

1774 年，德巴尔回到伦敦，带回了英属北美海图和勘测资料，并寻求海军支持以出版海图集。随着与 13 个北美殖民地之间的关系愈发紧张，英国拥有可靠的北美海岸线地图的愿望也愈发强烈。海军给予了财政上的支持，《大西洋海图集》印刷后立即供给了皇家海军。

这张纽约港海图是在美国独立战争中期制作的。美国发表《独立宣言》后，英国军队进驻纽约。法国与羽翼未丰的美国结盟后，纽约作为攻打法国和美国船只的海军基地，在战略上变得更加重要。同年，约翰·奈特和约翰·亨特中尉在骚扰敌舰间隙，勘测了港口的角度和深度，用于制作这张海图。在首次出版四年后，战争结束，英国人撤出了纽约。

《大西洋海图集》详细绘制了海岸剖面图，以海员的角度观察重要地貌，结合俏皮的错视画法，形成了引人注目的风格。印刷海图所用的铜板雕刻非常精美，1784 年印刷完成后，一家法国杂志称之为“人类历史上通过印刷和雕刻艺术献给世界最杰出的作品之一”。《大西洋海图集》在美国独立战争之前委托印刷，并在战争结束后完成，记录了英国在与北美大陆的关系不断变化中的角色——殖民大国、敌军、战败者和贸易伙伴。

德巴尔是一位非凡人物，其最终职位是布雷顿角和爱德华王子岛总督。据报道，他以在桌子上跳舞的方式庆祝自己的百岁生日，于103岁前离世。

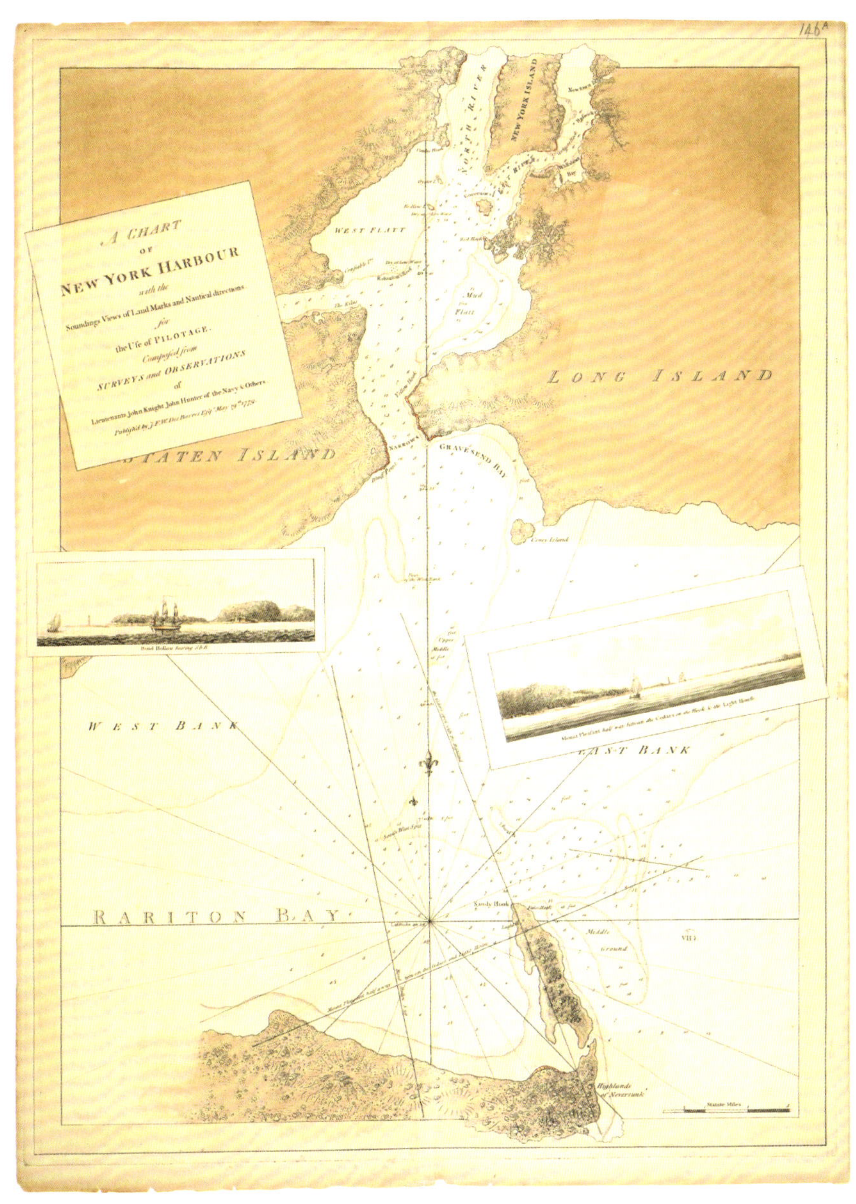

图为《大西洋海图集》中的纽约港海图，凯尔特藏品（HNS146B）；
尺寸：815mm×605mm；1779年在英国伦敦出版。

《家庭医学：以养生和简单药物防治疾病》

威廉 · 巴肯

凯尔德图书馆和档案馆有大量的海事参考资源，馆内藏书超过十万册，其中约八千册被列为“稀有”图书。其中包括 1850 年以前出版的所有书籍。18 世纪苏格兰医生威廉·巴肯（1729—1805）所著医学书籍的副本就在其中。这本书有超过 100 个英文版本，被译成多种语言，在当时备受欢迎。在这本书中，巴肯列出了健康生活方式，并描述了具体的疾病及治疗方法。例如：败血病被认为是“由寒冷潮湿的空气、长期食用腌渍或烟熏食物、难以消化的食物引起的”。

这本由帆布装订的副本由于出处特别而被收藏在凯尔德图书馆。1789 年 4 月 28 日，弗莱彻·克里斯蒂安在“邦蒂”号发动叛乱，这本书当时就在船上。叛乱之后，反叛者花费了九个月时间寻找落脚地。他们回到了塔西提岛，一部分人留在岛上，后来被俘接受了审判，三人被处绞刑。其余人与克里斯蒂安和一些塔西提人一起乘船前往皮特凯恩岛，直到 1808 年 2 月才被发现。参与者中只有约翰·亚当斯还活着，其余幸存者是塔西提人和反叛者的后代。

1787 年 12 月 23 日，这本书中有一处手写笔记，写着“邦蒂”号的位置在斯皮特黑德海峡：这是它最终从那里启航的日子。书的扉页上还有船上的外科医生托马斯·胡根划掉的签名。胡根在叛乱前死在塔西提岛，当时这本书和他的医疗包都被外科医生的助手托马斯·莱德沃德作为代理外科医生接管。他在叛乱中失去了一切，随后，载他回家的荷兰船只消失在印度洋上，他在“邦蒂”号航行中幸存之后溺亡。

反叛者的后代在皮特凯恩岛与过往船只进行财务贸易，这本书也是这样离开了该岛。书中有一封查尔斯・布莱克特于 1884 年写的信，注明了书的出处，即于 1837 年购于皮特凯恩岛。当时他是一名海军后补军官，他表示，这本书“一直为反叛者弗莱彻・克里斯蒂安所有，直到他于 1793 年去世”。

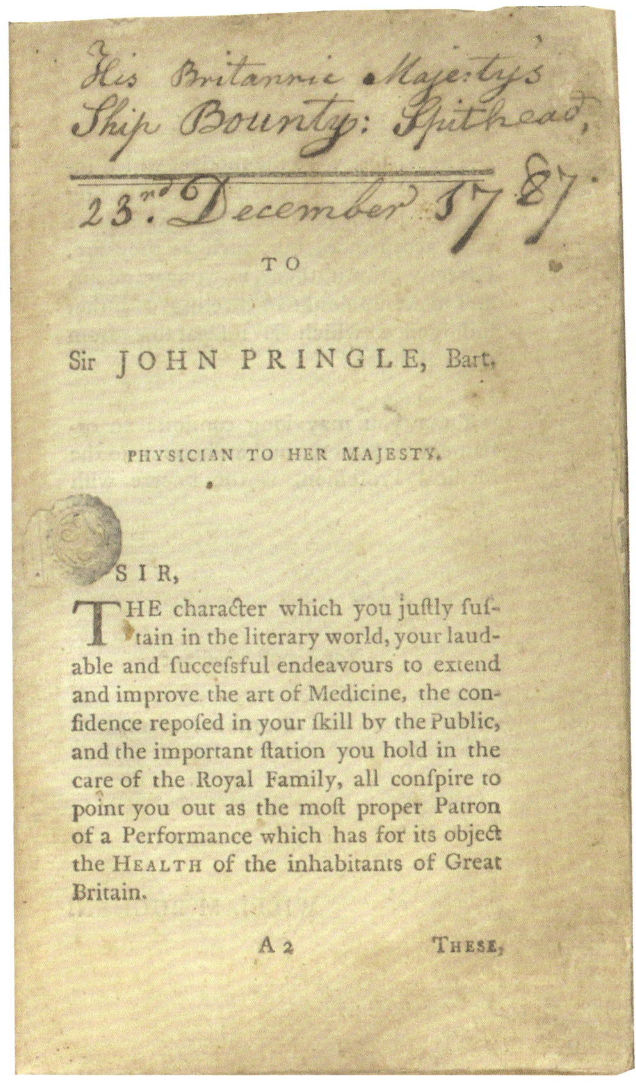

His Britannic Majesty's
Ship Bounty: Spithead,
23rd December 1787.

TO

Sir JOHN PRINGLE, Bart,

PHYSICIAN TO HER MAJESTY.

SIR,

THE character which you juſtly ſuſtain in the literary world, your laudable and ſucceſsful endeavours to extend and improve the art of Medicine, the confidence repoſed in your ſkill by the Public, and the important ſtation you hold in the care of the Royal Family, all conſpire to point you out as the moſt proper Patron of a Performance which has for its object the HEALTH of the inhabitants of Great Britain.

A 2 THESE,

图为《家庭医学：以养生和简单药物防治疾病》；主要材料：印刷纸、皮革和帆布；
1779 年 W. 斯特拉恩、T. 卡德尔、J. 巴尔弗和 W. 克里奇在英国伦敦编著第六版。

48

《爱玛·哈特》

乔治·罗姆尼

1782年4月，爱玛·哈特（1765—1815）遇到了乔治·罗姆尼（1734—1802）。那时，她16岁，如雕塑般美丽；他47岁，是一位影响力极大的肖像画家。接下来的四年里，罗姆尼为爱玛画了几十幅肖像，以展现她的魅力。爱玛成了罗姆尼的缪斯女神，罗姆尼有时甚至要推掉其他作画委托，但为她绘制的肖像画无疑是他职业生涯后期最为生动的。尽管1786年爱玛启程前往那不勒斯，给罗姆尼带来了沉重打击，但他仍然继续根据草图和记忆为她作画。1791年爱玛回到伦敦，与英国驻那不勒斯使节威廉·汉密尔顿爵士成婚，与罗姆尼短暂重逢。作为汉密尔顿夫人，爱玛回到那不勒斯，最后一次离开了罗姆尼，虽然画室里爱玛的肖像包围着他，但他再也见不到她了。人们当年普遍认为肖像中的爱玛化身希腊神话中克里特岛国王米诺斯的女儿阿里阿德涅，现在则认为她沉思的姿势意味着缺席。因此，这幅画极有可能并非取材于生活，而是罗姆尼凭记忆或草图绘制的。

1798年，爱玛在那不勒斯的生活发生了变化。海军少将霍雷肖·纳尔逊在尼罗河战役中大胜之后，爱玛再次见到了纳尔逊，尽管两人都已成婚，他们还是开始了一段公开恋情，他们的女儿于1801年出生。大约在1805年，纳尔逊返回海上之前，两人交换了戒指（上图为纳尔逊的戒指，另一只戒指属于爱玛，现收藏于朴次茅斯英国皇家海军博物馆中）。纳尔逊在特拉法加海战中受致命伤时就戴着这枚戒指。他离世后，爱玛的生活变得支离破碎，由于无法得到政府养老金，她陷入了债务之中，不得不卖掉他们位于默顿广场家里的财物，甚至还被软禁过一段时间。1814年，为了躲避债主，她逃往法国，次年1月逝于加来，死时身无分文，终年49岁。

图为布面油画《爱玛·哈特》，
凯尔德藏品（BHC2736）；
尺寸：1270mm×1016mm；创作于1785～1786年。

“邦蒂”号叛乱中威廉·布莱的遗物

1787年12月，英国皇家海军战舰“邦蒂”号在威廉·布莱中尉（1754—1817）的指挥下启航前往塔西提岛，将猴面包树苗从太平洋运送到英国在加勒比海的殖民地，以此增加粮食产量。对于这次任务而言，这艘船很小，出航时间长且艰难，在1788年10月抵达塔西提岛后发生的事件又加剧了他的压力。上岸后，45名船员享受着这个天堂般热带岛屿带来的舒适，从而很难维持军纪。1789年4月4日，“邦蒂”号再度启航前往加勒比海。船上的数百株植物加剧了拥挤，加之船员在岛上自由生活后不适应船上生活，紧张的气氛逐渐升温。4月28日早晨，大副弗莱彻·克里斯蒂安发动了叛乱，和他的支持者一起夺取了“邦蒂”号的控制权。布莱和18名追随者被迫乘坐这艘23英尺（7米）长的小船在海上漂流。

布莱和他的船员前往附近的托富阿岛（属于汤加群岛）。在那里，他们找到了新鲜补给，但未躲过岛民攻击：军需官约翰·诺顿被杀，因此他们回到海上，布莱凭记忆航行了4000英里（约6437千米），穿越太平洋到达荷属帝汶岛，并乘船返回英国。船上的条件十分恶劣，由于食物和水短缺，且不清楚航程长短，布莱不得不分发微薄的口粮。他每天分发三杯水，0.04磅（约18克）的饼干，约一颗子弹重。少量的咸肉、葡萄酒和朗姆酒也被消耗殆尽，尽管如此，他们还是熬过了六周。这个椰壳碗就是布莱用来装盛口粮的。

特别是在电影中，布莱被描述成一个残暴的船长，为反抗他的行为正名。事实上，他关心部下的健康，不喜体罚，使用体罚的次数远少于同时代的人。然而，他脾气反复无常，他的暴怒让许多不了解他的部下感到迷惘，因此引发了叛乱。

图为威廉·布莱的遗物——椰壳碗、铅和兽角杯（ZBA2701-03），尺寸不一；
2002 年在加菲尔德·韦斯顿基金会、国家海事博物馆之友和瓦伦丁慈善信托基金协助下拍得。

塞缪尔·甘布尔保存的“桑当”号日志

1793 年 4 月，商船“桑当”号从英国伦敦出发，前往西非的几内亚购买被俘的非洲人，再将他们运送到牙买加，卖到当地的种植园为奴。这艘船的船长塞缪尔·甘布尔带着 22 名船员和两名男孩离开，随同 170 多艘船一起驶向加勒比海，然后带一小部分船向南驶向非洲。航海日志详细记录了他的航行，还配了各种各样的插图。

甘布尔的目的地是洛斯岛和几内亚海岸附近的河流。到达后，大多数人都患上了黄热病，甘布尔不得不停留了九个月。1794 年 3 月，他带着用盐、烟草和铁器等货物换来的 234 名被俘非洲人横渡大西洋。日志中有一幅被俘非洲人的图画，描绘了非洲商人将俘虏押往海岸时的残酷场景：

> 他们用绳子拴住非洲人的脖子，用一根长棍子固定在腰上，这样一个人就能控制 50 名非洲人。晚上，非洲人因手被绑在背后而无法躺下。

前往牙买加的航行充满艰辛，是臭名昭著的“中间航线”的典型代表。船上爆发了致死的黄热病，非洲人还发动了一场不成功的起义，甘布尔因此减少了口粮供应。船员的减少使船只航行更加困难。当他被迫进入巴巴多斯寻找补给时，船上只剩下 6 名船员，艰难地驶向牙买加，肆虐的黄热病使得牙买加的港口挤满船只。甘布尔描述道，当时有 3000 人被关在港口的船上，等待出售给种植园主，情形十分悲惨。他还披露了贸易规模：在过去12个月里，有六万名奴隶被出售。“桑当”号的航海日志是一份罕见的留存记录，记述了跨大西洋奴隶制度的极不人道，以及为了经济利益付出的巨大代价。

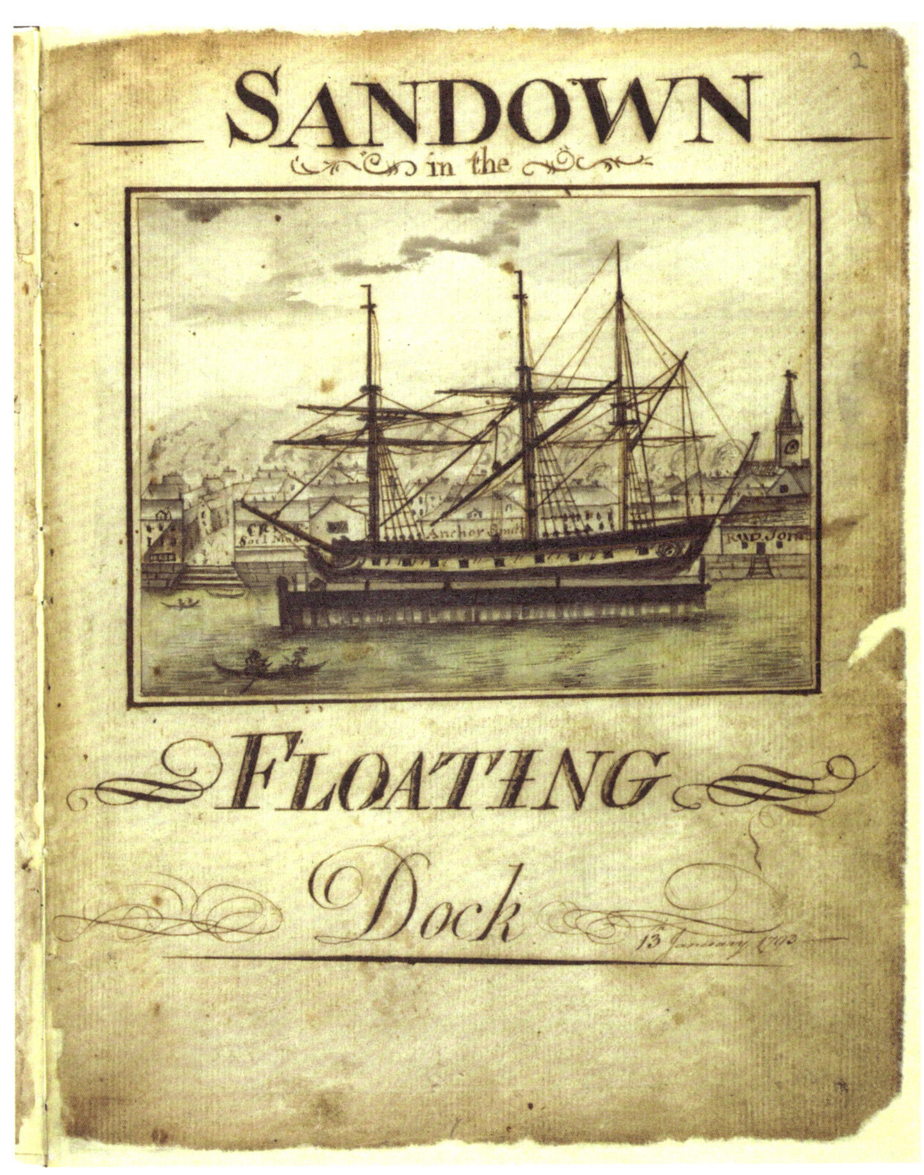

图为“桑当”号日志上的手稿和水彩插画（LOG/M/21）；
创作于1793～1794年。

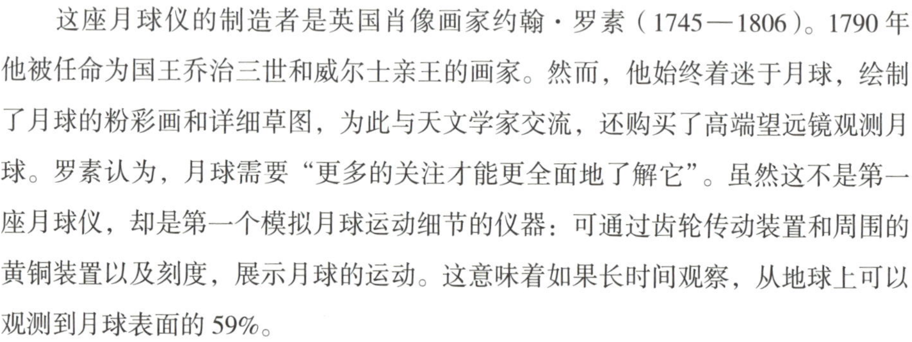

51

月球仪

约翰 · 罗素

这座月球仪的制造者是英国肖像画家约翰 · 罗素（1745—1806）。1790 年他被任命为国王乔治三世和威尔士亲王的画家。然而，他始终着迷于月球，绘制了月球的粉彩画和详细草图，为此与天文学家交流，还购买了高端望远镜观测月球。罗素认为，月球需要“更多的关注才能更全面地了解它”。虽然这不是第一座月球仪，却是第一个模拟月球运动细节的仪器：可通过齿轮传动装置和周围的黄铜装置以及刻度，展示月球的运动。这意味着如果长时间观察，从地球上可以观测到月球表面的 59%。

制作月球仪的过程漫长而艰辛，共历时 18 年。罗素首先将月球每一部分的地图拼在一起，通过一系列三角形物体连接起来。接着，将这些三角形物体连同月球的细节特点一起转移到纸球上。这个纸球被用作罗素雕刻铜板的模型，然后制作用于覆盖月球仪的纸段。它们会被贴在专门准备的球体上，然后被固定在黄铜配件里。由于罗素与当时伦敦的一些知名乐器制造商和制图师有联系，他能够接触到具备必要技能和工艺的人，因此，能够制造出如此复杂的仪器。

罗素描述了这台仪器如何帮助人们了解月球运动，以及测量月球与行星的距离。他甚至认为，月球仪可以代替月球，成为一个通过望远镜观察的天体。月球仪不仅证明了罗素对近地天体的研究，也证明了当时社会环境对科学研究的包容，天文学能够和社会其他行业共同发展。

图为由纸、纸塑和黄铜制造的月球仪，凯尔德藏品（GLB0140）；
直径 300mm；1797 年在英国伦敦完成制造。

52

纳尔逊第一封左手手书

1797 年 7 月 24 日，霍雷肖·纳尔逊（1758—1805）试图占领加那利群岛上的西班牙港口圣克鲁斯·德·特内里费，在他尝试乘一艘小艇上岸时右臂肘部中枪，伤势较重。其继子乔赛亚·尼斯特贝中尉用两条丝巾为他止血，并以最快的速度返回“忒修斯”号。上船后，外科医生托马斯·埃舍尔比立即为他进行了截肢手术，断肢被抛出船外。纳尔逊每晚都要服用鸦片镇痛，同时，他开始用左手写字。这封写给地中海舰队司令、海军上将圣文森特勋爵的信开头写道，“我已成为朋友们的负担，对国家毫无用处”，接着他请求“用一艘护卫舰把我的遗体运回英国”。在附言中，他抱歉地表示：“请原谅我潦草的笔记，因为这是我第一次尝试左手写字。”（事实上，因为他用左手写字速度很慢，所以字迹比用右手匆匆写就的更容易辨认）显然，纳尔逊深受身体的伤痛和战败带来的心理创伤，手臂的缺失也不断提醒着他。

纳尔逊回到英国修养，他的妻子弗朗西斯在巴斯的住处照顾他，由于手臂神

My Dear Sir

I am become a burthen to
my friends and useless to my Country
but by my letter wrote the 24th you will

经被绷带缠住，伤口愈合缓慢，他前往伦敦求医。11 月底，绷带终于解开，减轻了一部分痛苦，伤口也开始好转。此后，纳尔逊使用了各种辅助工具弥补缺失的手臂，包括刀叉组合等。次年春天，他回到了地中海舰队，并很快投入战斗。1798 年 8 月，英国在尼罗河战役中取得了伟大胜利，纳尔逊当之无愧地成为当时最具智慧、勇敢的海军指挥官。1797 年 7 月，他认为自己“毫无用处”，然而一年后，就证明他发挥了巨大作用。

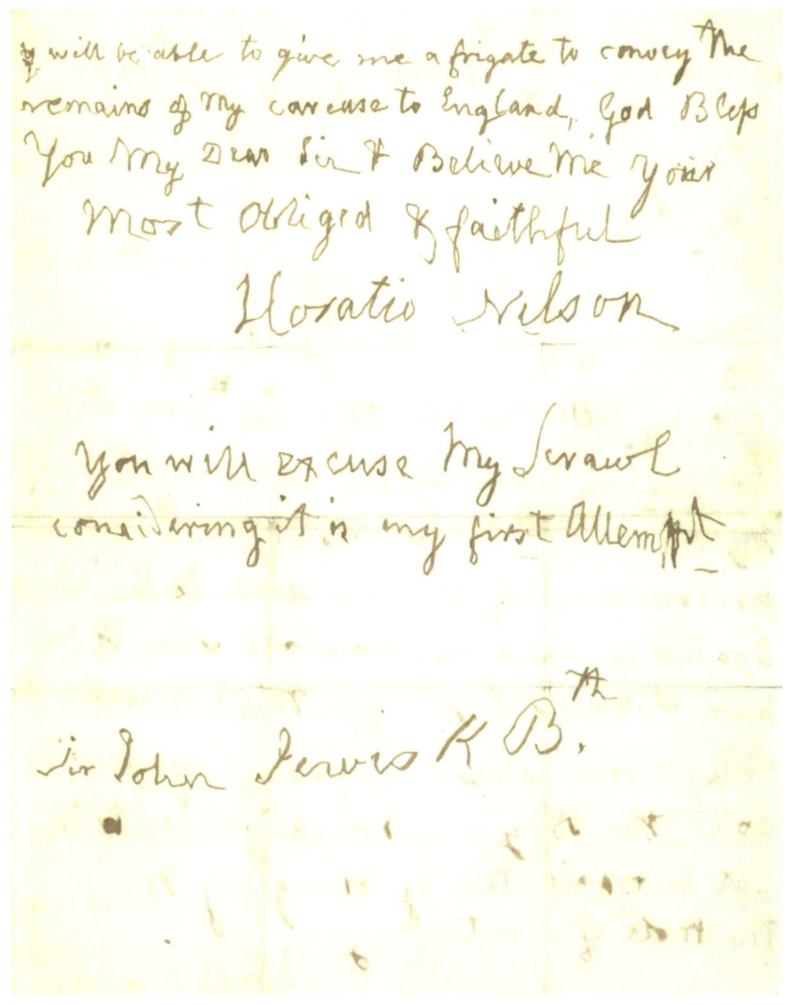

I will be able to give me a frigate to convey the remains of my carcase to England. God Bless You My Dear Sir & Believe me your

Most Obliged & faithful

Horatio Nelson

You will excuse my Scrawl considering it is my first Attempt

Sir John Jervis K.B.

图为纳尔逊用左手书写的纸质信件（PAR/251/1）；完成于 1797 年 7 月 27 日。

授予圣文森特伯爵的小剑

詹姆斯·莫里塞特和罗伯特·梅克皮斯

1797 年 2 月 14 日上午，英国海军上将约翰·杰维斯爵士指挥的舰队准备在葡萄牙南部的圣文森特角附近与一支规模不详的西班牙舰队作战。考尔德和哈洛威尔船长站在“胜利”号的后甲板上，数着从雾气中浮出水面的西班牙船只，8 艘、20 艘、25 艘、27 艘……几乎是英国舰队的两倍。这时，杰维斯咆哮道：“够了！别数了！即使对面有 50 艘船，我也要闯过去。”英国舰队排成一列，向毫无准备的西班牙舰队发起进攻。霍雷肖·纳尔逊没有听从杰维斯的作战命令，他指挥“舰长”号（有 74 门火炮）冲出前线，与一支分遣的敌舰群交火。接下来发生的事，使纳尔逊成了传奇。他以惊人的速度向西班牙舰队展开攻势，还缴获了两艘战舰——“圣尼古拉斯”号（有 80 门火炮）和“圣何塞”号（有 112 门火炮）。英国坚持战斗了一天，竟没有船只损失，人员伤亡也极少。

随后，纳尔逊被封为巴斯骑士，杰维斯被封为圣文森特伯爵，在英国伦敦这把精美的小剑被授予了杰维斯。小剑的珐琅刀柄十分精致，鞍头的一侧是伦敦城纹章，另一侧是杰维斯的纹章。蓝色珐琅手柄上装饰着椭圆形的胜利女神肖像，周围镶嵌着切割好的宝石。护手上雕刻着战斗场景，护指处镶嵌着战利品。杰维斯还获封伦敦“自由城士”，获赠一个市值 100 基尼（英国旧货币名，当时约合 105 英镑）的金盒子。伦敦乃至整个国家的财富都依赖于海上的自由，以及皇家海军对英国海上贸易的保护。因此，海上的胜利是值得庆祝的，除了头衔和荣誉外，杰维斯还获得了议会每年 3000 英镑的丰厚退休金。另外，杰维斯有权获得最大份额的英国舰队缴获西班牙船只的奖金，包括纳尔逊和他的船员缴获的两艘。事实证明，这场战斗是一场获利丰厚的遭遇战。

图为由钢、黄金、搪瓷制成的小剑（WPN439）；尺寸：813mm×21mm；1797 年在英国伦敦制造。

《英国皇家海军少将霍雷肖·纳尔逊爵士》

勒缪尔·弗朗西斯·雅培

这幅纳尔逊的肖像画，也是1799年纳尔逊的传记作者约翰·麦克阿瑟发表在《海军纪事》上短篇回忆录的配图。画面中，纳尔逊穿戴着英国皇家海军少将的便服外套和帽子。当时纳尔逊身在国外，因此雅培（1760—1802）并未根据他本人进行绘制，而是于1797年参考了一幅早期的纳尔逊肖像进行绘制。雅培在创作过程中绘制了大约40个版本，这是唯一一幅戴着帽子的海军上将肖像。他不得不猜测装饰在纳尔逊帽子上的切伦克珠宝的形状，并夸大了尺寸。

这幅肖像的绘制表明了纳尔逊的名气越来越大，也说明了他需要新的形象来满足公众需求。他离世后，人们绘制了回忆性画作，记录了他海军生涯中的重大事件，为这位离去的英雄的传记提供了例证，并塑造了他的光辉形象。这些画作都强调了纳尔逊在事件中的重要角色，将他置于画面中央，加之维多利亚时代对海军少将形象的高度理想化，从而创造了他的神话。1840 ~ 1843年，特拉法加广场的布置和威廉·雷尔顿的达特穆尔花岗岩纪念柱的建造，巩固了纳尔逊在英国国民心目中的地位。爱德华·霍奇斯·贝利的纳尔逊纪念雕像由坚硬的克雷格莱斯砂岩雕刻而成，俯瞰着白厅。

作为英国皇家海军的英雄，纳尔逊无人能敌。他成了从圣徒传记到学术考试等领域膜拜的对象。在英国面临危机和危险的时候，政治家、评论员和漫画家都会引用纳尔逊的言论和行为，他被描述为成功的典范，激发了小说家、广告设计和艺术家的灵感。纳尔逊的知名度一直延续至今。尽管时代、品位和时尚不断变化，但公众对纳尔逊风格的追求仍未消退，或许永远不会消退。

图为布面肖像油画《英国皇家海军少将霍雷肖·纳尔逊爵士》，格林尼治皇家海军海员医院藏品（BHC2889）；尺寸：762mm × 635mm；创作于 1799 年。

55

纳尔逊在特拉法加战役中穿着的海军便服大衣

这件大衣是纳尔逊日常穿着的便服，在特拉法加战役中，他就穿着这件衣服。当他的旗舰“胜利”号驶入战场时，卷入了激烈的战斗，与法国战舰“可畏”号发生了严重的侧舷冲撞。两船在激烈的冲突中锁在了一起，站在索具上的法国射手向“胜利”号甲板开火。1 时 15 分，纳尔逊左肩中弹，子弹击穿了他的肺部，击碎了脊柱。他瘫倒在甲板上，自知伤势致命，他气喘吁吁地对旗手说：“哈迪，我相信他们最终胜利了。”他被抬到甲板下，外科医生威廉·比蒂尽了最大努力为他减轻痛苦，但也坦诚地告诉他：“上将，很不幸，我们的国家没什么能为您做的。”纳尔逊一直撑到炮火平息下来，得知英国取得了一场胜利。他对哈迪留下遗言：“一定要善待可怜的汉密尔顿夫人”和“感谢上帝，我尽力了。”之后，他于 4 时 30 分离世。

汉密尔顿夫人就是爱玛·汉密尔顿，是他深爱的情人，也是他女儿霍蕾蒂娅的母亲。最终，纳尔逊血迹斑斑的大衣和假发（上图）被交到了爱玛手中，她一直保留着这令人心酸的遗物。但是由于债台高筑，她不得不将这件特拉法加大衣卖给了议员约书亚·史密斯。1845 年，阿尔伯特亲王购买了这件大衣，将它赠予了格林尼治皇家海军海员医院。此后，这件大衣几乎一直在伦敦市格林尼治区展出。

大衣左胸处绣有纳尔逊的四枚骑士勋章，分别是巴斯勋章、新月勋章、圣费迪南和功绩勋章、德国圣约阿希姆骑士勋章。火枪的铅弹上带有纳尔逊肩章上的金线，现收藏于温莎城堡中。

图为纳尔逊在特拉法加战役中穿着的海军便服大衣，由羊毛、丝绸等制成，格林尼治皇家海军海员医院藏品（UNI0024）；
尺寸：1160mm × 560mm × 530mm；1805 年前在英国制成。

56

阿尔及尔桌面摆设

保罗·斯托尔

1816 年 8 月 27 日，在炮击阿尔及尔事件中追随英国埃克斯茅斯一世子爵爱德华·佩卢上将的部下们将这件桌面摆设赠给了他。为解救被囚禁在阿尔及尔的 1000 多名欧洲人，佩卢率领英国和荷兰联合舰队向这座北非城市开战，进行了长达九个小时的猛烈炮击后，与戴伊（行政长官，编者注）达成协议。激烈的战斗令佩卢的舰队遭受了很大损失，造成 141 人死亡，742 人受伤。这件装饰品上雕饰着战斗场景，中间是阿尔及尔海防关键组成部分灯塔堡，有 44 门火炮和 1.5 米厚的砖石墙。底座周围，雕刻着英国海员释放被俘欧洲人的场景，阿尔及利亚海盗则被压在下面。浮雕面板上的铭文描述了炮击的场景和对佩卢的溢美之词。英国议会也对这位海军上将表示了感谢，伦敦市赠予他一把镶钻珐琅剑，并封他为子爵。西班牙、那不勒斯、撒丁岛和荷兰也授予他荣誉。1821 年，皇家海军上将佩卢在英国普利茅斯港退役，结束了海军生涯。

赠送这件摆设的军官们找到了当时英国最伟大的银匠保罗·斯托尔。当时，保罗·斯托尔即将与皇家金匠和珠宝商朗德尔和布里奇公司解约，这家公司为乔治三世和乔治四世生产高规格的商品。1819 年，他与公司解约，以便在艺术创作上获得更大程度的自由，同时发展业务。格林尼治皇家博物馆的藏品中还有他的其他作品，包括一个被称为“土耳其杯”的银杯和盖子，这是尼罗河战役后赠予纳尔逊的。但是，其他作品都无法与这件摆设相提并论。

图为银镀金的阿尔及尔桌面摆设（PLT0047）；
尺寸：927mm × 698mm × 698mm；
1817～1818 年在英国伦敦制造。

57

加拿大北极地区梅蒂人的枪袋

这个刺绣枪袋极可能是由位于现在加拿大曼尼托巴省红河聚居地的梅蒂妇女制作的。梅蒂人是欧洲皮毛商人和印第安妇女生育的混血人种。该地区从事皮毛贸易的男人们常常背着这种包，用来装弹药、烟草、烟斗或生火设备。

枪袋由漂白过的驯鹿皮制成，内衬为棉织物，用染色的豪猪毛进行刺绣。这种刺绣工艺受欧洲装饰艺术影响，由定居在此的修女传播而来，其中的花卉元素取材于瓷器、纺织品和壁纸。这个枪袋上精美的图案可能融入了本土元素。如草莓图案与印第安人的宇宙观有关，草莓被认为是生长在通往亡灵之地的道路两旁的水果。包的两面刺绣图案不同，一面朝外，另一面具有更多的个人元素，设计考虑到个人神秘感。普遍认为珠编部分的图案是温尼伯的圣博尼法斯教堂，颜色采用了北克里人最常用的蓝色，也是梅蒂人常用的颜色。三角形的锡片并不常见，可能来自鼻烟壶。

这个枪袋比较少见，是英国皇家海军上将乔治·巴克爵士（1796—1878）的，确切制造和收藏日期不详。巴克爵士于1819～1822年、1825～1827年以及1833～1835年参加了三次探索美洲北部海岸的行动。他经由加拿大河流和湖泊网络向北行进，在哈得孙湾的驿站停留。1900年，他侄子的遗孀伊莉莎·巴克夫人将这个枪袋赠予格林尼治皇家海军学院。

图为由驯鹿皮、亚麻、鸟羽、豪猪羽和玻璃珠制成的枪袋，
格林尼治皇家海军海员医院藏品（AAA2644）；尺寸：345mm×210mm；
可能于1819～1834年在加拿大完成制造

58

《特拉法加战役》

约瑟夫·马洛德·威廉·特纳

18 世纪中期，海战绘画已成为英国海洋艺术的一个独特分支。尽管法国大革命和拿破仑战争持续了很久，但在特纳的作品中很少见，相比之下，他对特拉法加海战以及皇家海军表现的印象十分深刻，并且在他的绘画作品中反复出现。值得一提的是，他的三幅时间跨度超过 30 年的主要画作——《从胜利号桅索上看特拉法加之战》（1806—1808，泰特美术馆）、《特拉法加战役》（1822—1824，右图）、《格斗的泰梅莱尔》（1839，英国国家美术馆）都体现了这一主题。

1822 年，乔治四世委托特纳（1775—1851）绘制了《特拉法加战役》，这幅画与菲利普·詹姆斯·德·卢森堡的早期作品《光荣的 6 月 1 日》（1795，格林尼治）一起在圣詹姆斯宫展出。这幅 12 英尺（3.7 米）宽的作品是他尺寸最大的作品，也是他关于战争主题最复杂、最雄心勃勃的作品。为了筹备这幅作品，特纳进行了大量相关研究，除了在 1805 年 12 月绘制"胜利"号草图，他还向海军借来了这艘船的平面图，并请海洋画家约翰·克里斯蒂安·谢基在朴次茅斯绘制详细草图。

《特拉法加战役》这幅画规模巨大，描绘的场景是全景，且十分细致。同时，还尝试通过结合战斗中不同时期的事件表达这场胜利的意义。倾倒的桅杆上挂着白色海军中将旗帜，或许是暗示着垂死的纳尔逊，而表达"职责"的信号旗——战斗开始时纳尔逊向舰高呼"英格兰希望每个人都恪尽职守"和他的最后一句话"感谢上帝，我尽职了"，在主桅杆飘扬。画面右边是战败的法国战舰"无畏"号，正在沉没；左边是西班牙战舰"特立尼达"号和法国战舰"布森托尔"号。

最右边的是“特梅莱尔”号，几乎隐没在战斗的硝烟中。画面前景中，英国海员试图从满是残骸的海水中营救同伴和敌方船员。写着纳尔逊座右铭“让有功者受禄”的残片在水面之下。考虑到英国海军对国家命运的关键作用，特纳在画面中加入了一个极具象征意义的细节：一名英国军人举着英国国旗。1829 年，乔治四世将特纳和卢森堡的两幅战争画作赠予格林尼治皇家海军海员医院新建的国家海军美术馆。

图为布面油画《特拉法加战役》，格林尼治皇家海军海员医院藏品（BHC0565）；尺寸：2615mm × 3685mm；创作于 1822 ~ 1824 年。

英国皇家“夏洛特”号游艇的船首像

英国皇家“夏洛特”号游艇的船首像是乔治三世的妻子夏洛特王后（1744—1818）的半身像，是博物馆中最精美的藏品之一。这艘游艇是众多皇家游艇之一，第一艘是“玛丽”号，1660年君主复辟时，荷兰阿姆斯特丹市的市长在查尔斯二世结束流亡回国后赠予他。尽管这些游艇有时也作官方用途，毫无疑问，游艇上最引人注目的就是船体上丰富的彩绘和精美的雕刻，标志着英国皇家在海上的崇高地位。

这种尺寸和复杂程度的船首像通常是由大块木材经铁螺栓固定在一起制成的，部分情况下还会用较小的木质树钉或销子。然后经过雕刻师的塑造，在船上安装，再镀金。

船首像中，年轻的夏洛特王后头戴王冠，左手持一个圣球，右手执一柄权杖，两边均由小天使搀扶。两扇叶片状盾牌上分别雕刻着汉诺威王朝纹章和联邦国旗。1824年，皇家“夏洛特”号游艇完成了建造，由海军测量师罗伯特·塞平斯爵士设计。他的设计包括发动机和桨轮，但在伍尔维奇皇家造船厂建造时，没有采用这部分设计。1826年5月，在德普特福德造船厂舾装完毕后，交由爱尔兰总督使用。这艘游艇服役到1832年，之后在彭布罗克造船厂被拆解。它的服役生涯平淡无奇，所以船首像保存得很好。事实上，这艘游艇在爱尔兰服役之前，皇家游艇“威廉·玛丽”号上的一名在都柏林驻扎九个月的军官写道：“作为船上随员，除了侍奉之外，真的无事可做。”

维多利亚时代标签上，对这尊船首像的描述为“与已故女王陛下十分相像”。

图为英国皇家“夏洛特”号游艇的镀金木制船首像（FHD097）；
尺寸：2159mm×1118mm×1295mm；完成于1824年。

《指挥官詹姆斯·克拉克·罗斯》

约翰·罗伯特·怀德曼

詹姆斯·克拉克·罗斯（1800—1862）是一位英国极地探险家。他于1812年加入皇家海军；1818年，与叔叔约翰·罗斯进行了第一次北极探险；1819～1827年，参加了威廉·帕里指挥的四次远征，取得了一系列成就，最终到达了距离极点约800千米的地方。1827年，他被提任为指挥官，1829～1833年，又与叔叔一起在北极地区经历了四次越冬。主要成就是确定了磁北极的位置。1831年6月1日，罗斯在现场升起了联邦旗帜，所用的旗杆（上图）现藏于英国国家海事博物馆中。

这幅肖像画是为了庆祝他的成功而绘制的。画面中，罗斯身穿指挥官制服，肩披熊皮。画面中，冰天雪地的景色一直延伸到远处，北极星在寒夜明亮闪烁。罗斯面前的磁倾角仪，用来精确定位磁北极。整个构图强调了人类以科学征服自然界的理念。

罗斯完成了许多任务，取得了众多成就，但其极地生涯远未结束。1839～1843年，他冒险前往南极洲，进行磁场勘测和其他科学工作，发现了一系列重要地貌，包括埃里伯斯山和以他姓氏命名的罗斯海。1843年，他与安成婚，拒绝担任1845年西北航道探险队指挥官，指挥权交给了约翰·富兰克林爵士。然而富兰克林率领的探险队自此失联，安让罗斯承接了搜寻任务，他此行一无所获，于1849年返回。

富兰克林的遗孀简很了解罗斯，对他付出的努力表示感激。她曾形容罗斯是

“海军中最英俊的男人”。画家约翰·怀德曼（1788—1843），在这幅肖像画中将他描绘成一位英勇的极地探险家和科学家。

图为布面油画《指挥官詹姆斯·克拉克·罗斯》，凯尔德藏品（BHC2981）；尺寸：1442×1120mm；1834年完成绘制。

61

女王奖杯

这是英国维多利亚女王统治时期的第一座女王奖杯。1838年8月17日，为了纪念维多利亚女王的母亲肯特公爵夫人的生日，在考斯举办了皇家游艇中队（RYS）比赛，约瑟夫·维尔德驾驶193吨单桅帆船“警钟”号赢得了这座奖杯。奖杯呈银质镀金的盾牌形，中间的浮雕描绘了不列颠守护女神乘坐马头鱼尾海怪拉的海上战车，两名侍女向她献上胜利者的花环和棕榈叶。浮雕周围雕刻了一圈游艇，其中就有“警钟”号，浮雕下方是皇家盾形纹章和“皇家游艇中队，1838最仁慈的维多利亚女王陛下的礼物”的字样。

女王奖杯并不是“警钟”号赢得的第一个奖杯。1830年8月21日，它赢得了首届国王杯（如图），这个有分量的镀金大酒杯是威廉四世赐予皇家游艇俱乐部（皇家游艇中队前身）的，杯口下方雕刻着一圈橡树叶，喇叭形底座上雕刻着一圈划着贝壳船的丘比特，杯身两侧装饰着皇家纹章，一面长方形浮雕则描绘了海王星在战车上的形象。铰接的圆形顶盖上装饰着雄狮，里面镶嵌着威廉四世的肖像图案。

然而，维尔德和“警钟”号最终没有赢得美洲杯帆船赛的第一场比赛。“美洲”号纵帆船在纽约游艇俱乐部的支持下，于1851年8月23日参加了环怀特岛皇家游艇中队比赛。奖品是安格尔西侯爵捐赠的市值100英镑的银杯。这艘美国游艇在快速航行领域获得了广泛声誉，因此人们十分期待这场比赛，最后“美洲”号以八分钟的优势赢得了比赛，比赛由此得名美洲杯。而“警钟”号在文特诺附近搁浅，不得不求助另一艘游艇“箭矢”号。由于未能完成比赛，维尔德决定对“警钟”号进行改造，按照“美洲”号的设计进行了加长。十年后，两艘游艇再次在比赛中相遇，“警钟”号领先了“美洲”号约37分钟通过终点浮标。

图为镀金银质女王奖杯（PLT0257）；尺寸：60mm × 440mm；
1837～1838年，本杰明·普雷斯顿在英国伦敦为朗德尔和布里奇公司制造。

威尔士亲王阿尔伯特·爱德华的儿童水手服

当英国维多利亚女王乘皇家游艇航行时，她决定让船员们给她四岁的儿子威尔士亲王阿尔伯特·爱德华（1841—1910年，当时称伯蒂，即爱德华七世）制作一套儿童水手服。1846年9月2日，伯蒂穿着水手服在众人面前亮相，他的父亲阿尔伯特和船员们欢欣鼓舞。随后，阿尔伯特亲王委托维多利亚女王喜欢的画家弗朗茨·泽弗·温特哈尔特为身穿水手服的威尔士亲王画像，作为送给维多利亚女王的圣诞礼物。1847年，这幅画在圣詹姆斯宫展出时，吸引了超过十万人前来观赏。这幅画和随后制作的雕塑一经展示，立即在当时掀起了穿着水手服的潮流，并持续到20世纪。当时穿着水手服象征着体面、责任和忠诚，被认为是孩子须具备的优良品质。然而，年轻的威尔士亲王任性而为，令维多利亚女王和阿尔伯特亲王感到失望。

王子长大后，确实成了一名充满热情的水手，对大海产生了浓厚兴趣。1851年，他观看了环怀特岛的第一届美洲杯帆船比赛激动人心的场景，1863年，他成了考斯皇家游艇中队的准将。此后，他购买了“达格玛”号赛艇，是他八艘游艇中的第一艘。顶级的是1893年的“不列颠尼亚”号，很适合他，它有四个卧舱，一个很大的会客厅，一个足够大的浴室和浴缸，其他船员的宿舍大小适中。自威尔士亲王得到这艘游艇后，它在219场比赛中赢了122场。然而，当竞争力强的德皇威廉二世开始启用更大的游艇“流星二”号与舅舅竞争后，比赛就不那么令他愉快了。威尔士亲王感叹道，考斯帆船赛“过去愉快而轻松，自从国王参赛后，就不那么有趣了”。1897 年，他卖掉了“不列颠尼亚”号，从此退出帆船比赛。

图为由亚麻、棉花制成的儿童水手服（UNI0293-94）；
尺寸：470mm × 423mm × 160mm；
1846 年在皇家游艇“维多利亚和阿尔伯特”号上完成制作。

约翰·富兰克林的西北航道探险记录（1845）

1845 年，英国船长约翰·富兰克林爵士（1786—1847）指挥探险队探索西北航道，他们打算留下完整的探险进展记录，并请求发现者将这些记录转交给英国海军，因此他们使用了六种语言书写请求书。

1845 年 5 月下旬，为探索横跨加拿大北部的海上通道的最后一部分，并进行国际地磁方面的科学研究，富兰克林的探险队分别乘坐两艘经过改装的“黑暗”号和“恐怖”号，从英国格林海斯出发。1845 年 7 月 25 ~ 26 日，两艘捕鲸船最后一次见到这两艘探险船。此后，这两艘船就失踪了，直到分别于 2014 年和 2016 年发现了这两艘船沉没的残骸。

1847 ~ 1855 年，英国海军和各方人士搜寻了 19 次，但都未发现富兰克林一行的踪迹，也没发现任何书面记录。富兰克林的夫人简希望找到能够证明他们发现西北航道的书面记录。1857 年，她委托弗朗西斯·利奥波德·麦克林托克指挥“福克斯”号前去探寻真相。

1859 年，霍布森中尉在威廉国王岛西海岸的一个石堆中发现了一张记录。他在官方报告中写道：“这个小圆筒就在一些松散的石头中被发现，里面装着一份失踪探险队活动的简短记录。”

这份独特而重要的记录，记载着 1848 年 4 月，克罗泽船长和菲茨詹姆斯船长决定放弃“黑暗”号和“恐怖”号，向南前往加拿大大陆。记录描述了 1847 年 5 月之前，探险队进展成功，并附言“一切顺利”。相比之下，在 1848 年 4 月的资料中，简要讲述了约翰·富兰克林爵士和8名军官、15名士兵的死亡，以及到达后的计划。作为一份文件，其疑问较多。什么原因导致了多人死亡？在救援极可能来自北方的情况下，为何仍向南行进？

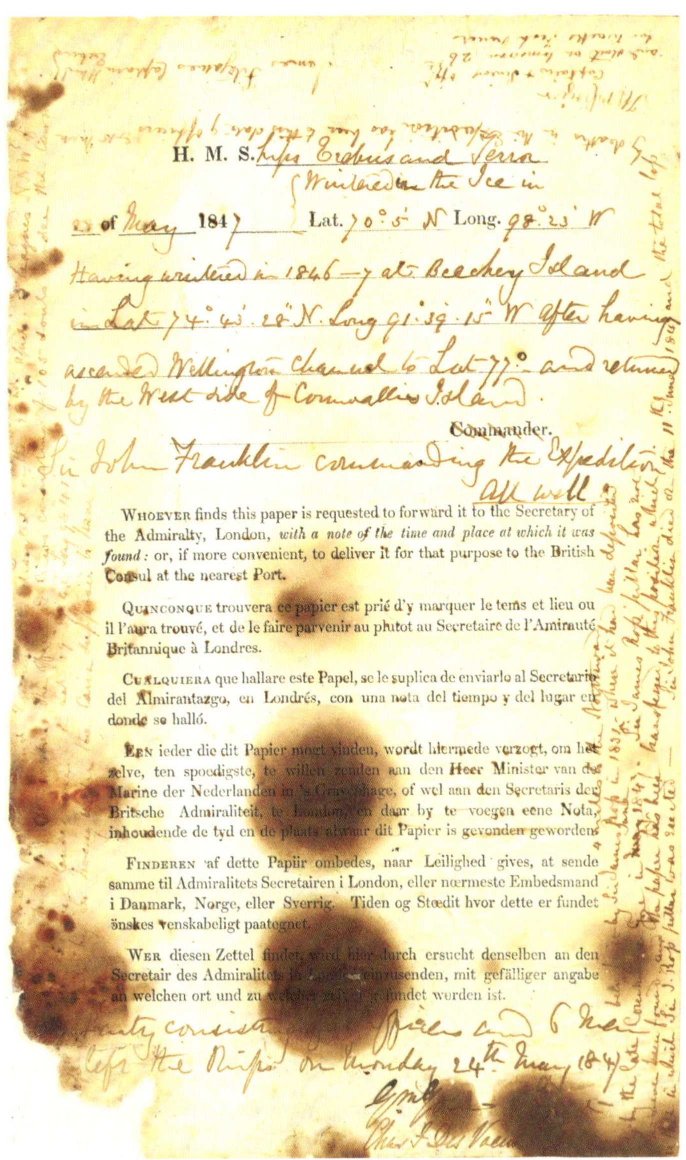
H. M. S. hips Erebus and Terror
Wintered in the Ice in
of May 1847 Lat. 70°5' N Long. 98°23' W
Having wintered in 1846–7 at Beechey Island
in Lat 74°43'28" N. Long 91°39'15" W After having
ascended Wellington Channel to Lat 77° and returned
by the West side of Cornwallis Island.

Commander.

Sir John Franklin commanding the Expedition
All well

WHOEVER finds this paper is requested to forward it to the Secretary of the Admiralty, London, *with a note of the time and place at which it was found*: or, if more convenient, to deliver it for that purpose to the British Consul at the nearest Port.

QUINCONQUE trouvera ce papier est prié d'y marquer le tems et lieu ou il l'aura trouvé, et de le faire parvenir au plutot au Secretaire de l'Amirauté Britannique à Londres.

CUALQUIERA que hallare este Papel, se le suplica de enviarlo al Secretario del Almirantazgo, en Londrés, con una nota del tiempo y del lugar en donde se halló.

EEN ieder die dit Papier mogt vinden, wordt hiermede verzogt, om het zelve, ten spoedigste, te willen zenden aan den Heer Minister van de Marine der Nederlanden in 's Gravenhage, of wel aan den Secretaris der Britsche Admiraliteit, te London, en daar by te voegen eene Nota, inhoudende de tyd en de plaats alwaar dit Papier is gevonden geworden.

FINDEREN af dette Papiir ombedes, naar Leilighed gives, at sende samme til Admiralitets Secretairen i London, eller nærmeste Embedsmand i Danmark, Norge, eller Sverrig. Tiden og Stædit hvor dette er fundet önskes venskabeligt paategnet.

WER diesen Zettel findet, wird hier-durch ersucht denselben an den Secretair des Admiralitets in London einzusenden, mit gefälliger angabe an welchen ort und zu welcher zeit er gefundet worden ist.

Party consisting of 2 Officers and 6 Men
left the Ships on Monday 24th May 1847
Gm. Gore
Chas. F. Des Voeux

图为被发现的西北航道探险记录（HSR/C/9/1）；
尺寸：323mm × 198mm；完成于 1845～1848 年。

64

五分仪

珍妮特 · 泰勒

虽然这件华丽的航海仪器在 1851 年的世界博览会上被作为六分仪展出，准确来说，这是一件五分仪。五分仪和六分仪以框架形成的扇形角度（分别为圆形的五分之一和六分之一）命名，可以测量角距离，通常用于测量天体间的角度，也可测量地面目标间的角度。

世界博览会的评审团认为，这种银质仪器似乎是“用来展示而非使用的”，不应当为制造者颁发任何奖项。细看这件仪器，昂贵而不实用的材料夸大了外观装饰，夹角的框架上刻着威尔士亲王的纹章和座右铭——“我尽忠职守”，还装饰着英国国旗和王室旗帜，用蓟、玫瑰、三叶草和水仙花分别象征苏格兰、英格兰、爱尔兰和威尔士。装仪器的红木盒子也同样精致，蓝色天鹅绒做内衬，盒子上刻着威尔士亲王的银质徽章。

该仪器的制造者珍妮特 · 泰勒（1804—1870）在 19 世纪伦敦的商界和海事界也同样引人注目。她出生在英国达勒姆郡，跟随父亲学习航海，同时，她还是一位才华横溢的数学家。19 世纪 30 年代，她开始发表关于航海的文章，并因提出计算月球距离以确定经度的简化方法而受到皇家海军、三一宫和东印度公司的奖励。自 1835 年起，她经营着一所著名的航海学校和货栈，在伦敦塔附近出售海图和航海仪器。虽然公司登记在她丈夫乔治名下，但实际经营由她一手包办。泰勒夫人也十分善于自我推销，除了利用大型展览展示公司产品外，她还将这件五分仪赠给了年轻的威尔士亲王阿尔伯特 · 爱德华（后来的爱德华七世）。1936 年，这件藏品由玛丽王后赠予英国国家海事博物馆。

图为由银、金、象牙、玻璃制成的五分仪（NAV1135）；
尺寸：152mm×170mm×85mm；1850 年在伦敦完成制作。

65

电子时钟

查尔斯·谢泼德

1851 年，英国第七任皇家天文学家乔治·比德尔·艾里参观了伦敦海德公园的世界博览会后，委托计时器制造商查尔斯·谢泼德为皇家天文台制造一套电子时钟系统。谢泼德的机械装置改变了天文台的计时方式，并首次实现了格林尼治标准时间的电气传输。

电子钟的电气钟摆，安装在雕刻红木表壳的后箱中，时钟室上方的表盘称作“主表盘”，和“副表盘”一道由钟摆产生的电子脉冲驱动，主副表盘操纵一系列的机械开关，在预定的时间发出信号。这个开关的工作原理与传统的机械闹钟的报时机制相同，当然，它更精确。

此前，皇家天文台使用的是 1833 年安装的报时球，每天一时播报时间，以便泰晤士河上或伦敦码头上的水手们调校时间。使用电子时钟系统提高了报时球的准确性，消除了人为误差，同时，也能为海员提供其他服务。艾里还将电子钟与肯特郡迪尔城堡新建的报时球连接起来。当时，俯瞰唐斯丘陵的迪尔城堡是英吉利海峡东端的一个主要船舶锚地和集合点，格林尼治的电气控制系统为那里的船只提供了准确的报时，使他们不再依赖当地的天文台。

电子钟不仅为皇家海军和商船队服务，也服务于科学界和民间团体，艾里通过电报发送时间信号，以便与接收者的当地时间进行比较，并精确确定与格林尼治相关的经度。1866 年 10 月，电子时钟通过海底电缆向哈佛大学天文台发送了时间信号。电子时钟还驱动着谢泼德门钟（上图），首次提供了格林尼治标准时间的连续公开显示。据说，它安装在外墙，是为了避免游客在格林尼治公园询问标准时间而打扰天文台工作人员。

这只时钟还为邮局、铁路、公共时间信号以及许多付费用户提供时间。谢泼德电子时钟确实是格林尼治标准时间跳动的心脏，贯穿着维多利亚时代英国人的生活。

图为电子时钟（ZAA0531）；材料：红木、黄铜、钢、水银、银；
尺寸：1900×590×260mm；1852 年在伦敦完成制造。

66

授予皇家海军上校威廉·皮尔爵士的维多利亚十字勋章

汉考克斯公司

威廉·皮尔（1824—1858）是英国原首相罗伯特·皮尔爵士的第三个儿子，也是维多利亚时代的海军英雄。1838 年，他加入了皇家海军，1840 年参加了叙利亚海域的战斗，四年后被提任为中尉。20 岁，他就被派往太平洋，承担一项情报任务，负责就英美之间存在争议的俄勒冈州领土写一份报告。带着这项秘密任务，他从墨西哥的圣布拉斯经陆路返回维拉克鲁斯，然后乘船回英国。1849 年 1 月，他被提升为船长，随后赴中东和北非旅行，沿尼罗河越过苏丹的喀土穆。1852 年，他在《穿越努比亚沙漠》中阐述了自己的经历。

随海军在地中海服役之后，克里木战争（1853—1856 年）期间，皮尔又在黑海服役。他多次地凭借英勇脱颖而出。1854 年 10 月 18 日，在乌克兰的塞瓦斯托波尔围城战中，一枚俄国炮弹落在皮尔的炮台上。皮尔极其迅速地捡起炮弹扔过护墙，炮弹随后立刻爆炸。

此外，他不顾俄国人的枪炮多次举起残破的联邦旗帜（上图），受到了高度赞扬。战争结束后，他是第一批接受维多利亚十字勋章的人之一。

1856 年，第二次鸦片战争爆发时，皮尔指挥的是“香农”号护卫舰。1857 年 6 月，在前往中国香港途中，他听说了印度发生“印度民族大起义”。回到英国后，他在“香农”号上组建了一支 450 人的海军旅，驻扎在加尔各答。1858 年 1 月，皮尔被任命为最高巴斯勋爵和维多利亚女王的副官。然而，同年 3 月 9 日，皮尔在印度勒克瑙的激烈战斗中大腿中弹，身负重伤，不得不从大腿中将深嵌的子弹挖出来。由于身体虚弱，他感染天花，同年 4 月 27 日死于印度坎普尔。

图为由铜和丝带制成的维多利亚十字勋章，
格林尼治皇家海军海员医院藏品（MED1252）；
1857 年在伦敦授勋。

英国皇家“勇士”号的侧舷内剖图

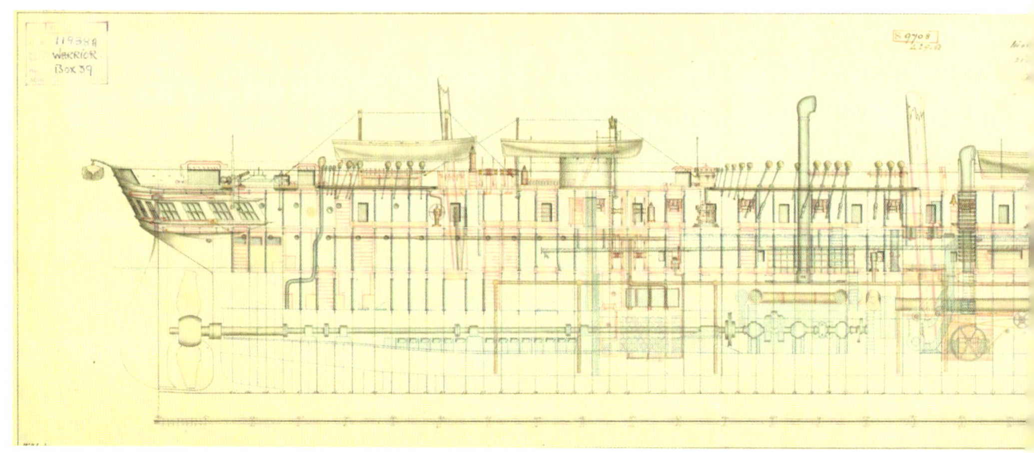

这张紧凑详尽的侧舷内剖图显示了皇家“勇士”号的内部结构，这艘船于1861年建造完成并开始服役。这张图是这艘船的一系列图纸中的一部分，尽管有些图纸中提到了它的姊妹舰“黑王子”号。除了内部框架和甲板的关键结构外，图纸还显示了该船的推进机制和一系列其他细节，通常情况下，这类细节不会出现在早期船只图纸中。

“勇士”号于1860年12月29日下水，建造仅用了不到一年，是英国第一艘铁质远洋战舰。这艘战舰问世时的宣传，尤其是在英法战争方面的宣传，往往忽略了一个事实，即这艘战舰并非是为了应对法国铁甲战舰突然出现的，而是战舰技术稳步提升的产物。“勇士”号从未被用于战斗，但依然是成功的，并且是随后几十年皇家海军巨大技术变革的先兆。1861年，从整体上看，“勇士”号比所有其他战舰都具有优势，但五年之后，它就在更新更强的“阿喀琉斯”号面前黯然失色。尽管如此，“勇士”号还是坚持了近20年，直到1880年才退役。这艘船如今被保存在朴次茅斯。

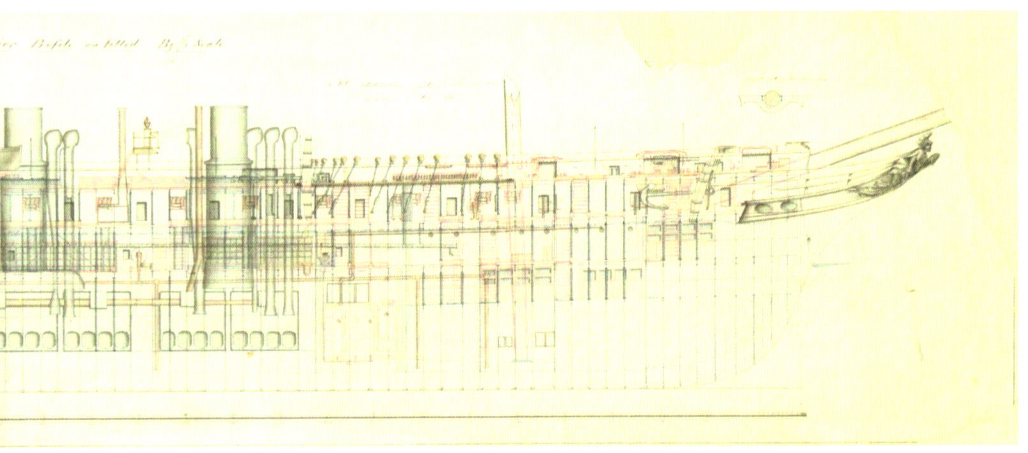

图为英国皇家“勇士”号的侧舷内剖图（NPC5112）；
材料：纸、墨、涂层；尺寸：303mm×1468mm；
该舰于1860年12月28日在英国伍尔维奇船坞完成制造。

这艘船建造的意义并不仅在于具体的舰船方面，还标志着木质军舰的衰落以及被钢铁军舰取代。“勇士”号的出现标志着英国皇家海军舰艇建造的风格和内容发生了重要转变。与木质军舰相比，使用昂贵的新材料进行建造需要更高的精度，建造难度更大。同时，由于新一代军舰在稳定性和吨位计算方面面临前所未有的挑战，因此对细节的要求也更高。

在英国国家海事博物馆收藏的皇家海军藏品中，“勇士”号的设计图涵盖了这艘战舰从19世纪50年代末开始建造并改建，到1902年转换为补给舰，再到1945年最终移交至输油管道码头使用的技术演变历程。英国皇家海军的计划作为一个整体是世界上重要的收藏品，就数量而言，也是博物馆同类资料中馆藏量最大的一组。就日期而言，其覆盖范围非常广泛，包括了18世纪10年代至20世纪60年代中期皇家海军船只的近乎完整的技术记录。

《告别的欢呼》

亨利·尼尔森·奥尼尔

自1815年拿破仑战争结束到1914年第一次世界大战爆发，超过2000万人从英国移民到海外寻找新生活。移民几乎成了每个家庭故事的一部分，也成了艺术和文学中反复出现的主题。在《大卫·科波菲尔》中，查尔斯·狄更斯描述了主人公向即将前往澳大利亚的艾米丽和她的舅舅裴果提先生告别时令人心酸的分别场景：

> 当帆迎风升起，船将开时，三艘船上的人都发出了响亮的欢呼声，随即又收到回响，一声又一声地回响着。我听着这声音，看到人们挥动着帽子和手帕，我的心都要跳出来了——然后我看到了她！我看到了她，在她舅舅的肩膀上颤抖着。舅舅指着我们，她看到了，向我最后挥手道别。

亨利·尼尔森·奥尼尔（1817—1880）在其大叙事画《告别的欢呼》中，以特有的清晰和细节展现了码头边移民船起锚，被蒸汽拖船拖着驶向大海的那一刻。对于当时的人们来说，这幅画能够通过不同的人物来解读，如提着橘子篮的街头小贩和悲伤的寡妇。服装的对比和情绪的渲染，更增强了画面内涵的层次。画面左前景中，一位带着两个孩子的妇女悲痛欲绝地看向船，眼神中有着无奈的顺从，或许她是水手的妻子，即将和丈夫分别。相比之下，寡妇显然更富有，她的女儿穿着时髦，披着紫色披肩，头戴系着黄色丝巾的草帽，正在安慰着她。

1861 年，奥尼尔在皇家艺术学院展出了这幅画，受到了评论家和民众的好评。1861 年 5 月 4 日《泰晤士报》给出评论："这种痛苦是最具代表性的——大声、狂放，令人印象深刻。"《星期六评论》有着不同的看法："大概英国人从未像这样在离别之际放下矜持，这种悲伤情绪的表达是否被夸大了？"后一种评论可能更接近事实，毕竟在 19 世纪，当移民离开家人和朋友时，大多数就永别了。

图为布面油画《告别的欢呼》(ZBA4022)，创作于 1861 年；
尺寸：1320mm × 1860mm；
在遗产彩票基金、艺术基金和国家海事博物馆的资助下拍得。

“卡蒂·萨克”号

“卡蒂·萨克”号是一艘与众不同的船，环游了世界，经历了风暴、战争和火灾的考验，是留存至今的商船，也是格林尼治皇家博物馆最大的藏品。它建造于英国丹巴顿，于1869年下水。船主约翰·威利斯委托造船界的新人建造这艘当时海上最快的船。

为最大限度保证当季第一批运回的新茶的利润，“卡蒂·萨克”号需加快速度。美国的开创性设计——采用流线型船体、锋利的船头和倾斜的桅杆，提高了船速。除了上述设计，“卡蒂·萨克”号还采用了木质船体与锻铁框架的复合结构，保证船体坚固，可承受前往中国的艰难航行，又足够轻便，承载尽可能多的货物。

“卡蒂·萨克”号曾八次前往中国，携带了超过4000吨的茶叶，但从未充分发挥它的潜力。这是因为苏伊士运河开通了，前往中国的航程缩短了4800千米。

澳大利亚是世界上最大的羊毛生产国，对于燃煤的轮船来说距离太远，但十分适合“卡蒂·萨克”号，因此，它被用于与澳大利亚进行的羊毛贸易。它向东航行，在世界上最强风暴来临前绕过合恩角，打破了纪录，赢得了赞誉。

1895年，由于无人传承，“卡蒂·萨克”号被卖给了一家葡萄牙公司，命名为“费雷拉”号，随后作为普通货船航行了27年，直到在英国法尔茅斯的一次停靠时引起了威尔弗雷德·道曼船长的注意，他买下并修复了这艘船，恢复了原名，1924年被用作训练船和旅游景点。他离世后，这艘船继续作为泰晤士航海学院的训练船。第二次世界大战爆发后，这艘船陷入失修境地。在“卡蒂·萨克”号保护协会的努力下，在格林尼治某处建造了一个干船坞对它进行保护。1957年，它作为博物馆船开放。

2006年，“卡蒂·萨克”号的复原项目开启了。2019年，它迎来了150周年纪念，建造时它的设计寿命仅为30年。

图为木、铁材质的“卡蒂·萨克”号（ZBA7518），
由英国丹巴顿的斯科特和林顿公司建造，1869年11月22日下水；
船体长65m，横梁宽11m，吃水深度7m，重963t。

伦敦市自由金盒

欧内斯托·林茨

自由金盒里有一个卷轴，是英国伦敦市颁发的自由奖。1875 年，伦敦市向第七任皇家天文学家乔治·比德尔·艾里爵士颁发了这项伦敦自由奖。金盒的铰链盖子上有伦敦城的盾形纹章，上面刻着拉丁文格言 Domine Dirige Nos（上帝指引我们）。盒子由意大利珠宝商欧内斯托·林茨（1836—1909）设计，装饰精美，正面和两侧分别用珐琅镶板代表宇宙。镶板上有大量星辰图案，指向天空的地球仪和望远镜模型为设计锦上添花。背面镶板上刻着很长的铭文：

> 1875 年 4 月 29 日星期四，在伦敦市政厅会议厅举行的一次会议决定，将伦敦市自由奖装在一个金质盒子里，赠予皇家天文学家乔治·比德尔·艾里爵士，以表彰他在天文领域的不懈努力和在实用科学、商业及社会文明方面作出的杰出贡献。

铭文的署名令人有些困惑，“斯通·蒙克顿市长”。伦敦市长是大卫·亨利·斯通，而约翰·布迪拉克·蒙克顿爵士则是市政文书。

1835 年，约翰·庞德退休后，艾里开始了漫长的皇家天文学家生涯，直至 1881 年卸任。接受这份任命之前，他是剑桥大学的卢卡斯数学教授和普鲁米安天文学教授。在格林尼治，艾里将主要精力投入天文台的工作中，扩大了天文台的活动范围，并投资购买更新、更先进的设备。天文摄影术被引进后，他开始使用电报向全英国广播格林尼治时间。政府还聘请艾里担任全面科学顾问，从铁轨修建到“大东方”号邮轮启航，从查尔斯·巴贝奇的差分机（一种原型计算机）到大本钟的维修，都要向他咨询。1872 年，他终于受封爵士，在此之前，他曾三次拒绝这一荣誉。艾里的重大成就包括使格林尼治成为本初子午线、经度 0° 和世界时间中心。

图为由金、珐琅、木材制成的伦敦市自由金盒，艾里藏品（PLT0002）；
尺寸：160mm × 95mm × 178mm；
1875 年在伦敦制造。

《戴维·琼斯的储物柜》

威廉·莱昂内尔·威利

1890 年 5 月 3 日，这幅画作在英国皇家艺术学院展出,《泰晤士报》的评论家写道：

> 这幅奇妙画作《戴维·琼斯的储物柜》是威利先生首次离开海面，在海下作画。准确地说，这幅画的景象是他从一个上了釉的潜水钟上观察到的，而散布在“深海中未被踏足的地面”上的海藻、石头和海葵，是由这位极具进取心的画家依照大自然绘制的。在追求真理的过程中，现代的学者有什么不可为的呢？威利先生曾亲自参加“挑战者”号的探险，因此没人敢说他画作中奇怪的海洋生物和颜色不是海底真实存在的。

评论家将威利的水下构图与 1873～1876 年英国皇家海军“挑战者”号的探险队的发现进行了比较。事实上，威利与家人在英国克莱德湾度假时，用饼干罐制作了简易潜水头盔进行水下观察，而这只章鱼则是以布莱顿水族馆的章鱼为原型绘制的（上图）。威利的妻子马里昂评价，画面十分美丽，通过绿色、透明的海水隐约可见一艘沉船，一个生锈的船锚、骨头和珠宝散落在地上。

威廉·莱昂内尔·威利（1851—1931）是一位以创作海洋绘画为主的多产画家。他 18 岁就获得了皇家艺术学院的特纳金奖。19 世纪 70 年代初，他开始了职业生涯，为《图片报》绘制插图。因此，威利在水彩画和蚀刻画方面的技艺愈发高超，造诣颇深。1907 年，他搬到朴次茅斯。后来，他还积极参与了拯救纳尔逊旗舰“胜利”号的行动。1930 年，乔治五世在朴次茅斯造船厂揭开了威利绘制的巨幅特拉法加海战全景图的面纱，这幅大型画作长约 13 米，高约 4 米。

1931 年，威利去世，终年 80 岁，他工作室中收藏的全部工作草图被英国国家海事博物馆的赞助人、威利的朋友詹姆斯·凯尔德爵士购买并赠予博物馆。

图为布面油画《戴维·琼斯的储物柜》（ZBA5055），1890 年完成绘画；
尺寸：1025mm × 1360mm；
由英国航海研究学会麦克弗森基金资助购买。

大赤道望远镜

这台望远镜在同类中是较大的，标志着英国皇家天文台当时进入新阶段。自1675年成立以来，天文台的主要工作重点是收集恒星位置数据，用于导航和计时。19世纪新兴的技术扩大了天文学家的工作范围，其他国家都在建造更大更好的望远镜，有些是个人出资，有些由国家资助。第八任皇家天文学家威廉·克里斯蒂也不甘示弱，请求皇家海军出资为天文台建造一台能够跟国际竞争对手抗衡的大型望远镜。资金获批后，他委托都柏林的格拉布望远镜公司建造了一台新望远镜，1893年完成安装。

新的大赤道望远镜实现了收集星光的设想，格林尼治的天文学家因而可以研究恒星。望远镜底座的轴线与北极星对齐，镜筒与赤道平行。天文学家可沿弧形轨迹摆动望远镜，观察恒星运动，进行天体摄影。通过增加一个发条驱动器保持望远镜与恒星同步，天文学家可拍摄遥远恒星星云的长曝光照片，了解了以前肉眼无法发现的细节特征。该望远镜还可测量双星在缓慢绕轨道运行时距离的变化，天文学家利用这些数据计算恒星的质量。

进行了几十年卓有成效的研究后，望远镜却受到了威胁。第二次世界大战爆发后，第十任皇家天文学家哈罗德·斯宾塞·琼斯决定拆除望远镜，将珍贵的镜头移至安全的地方。1944年7月15日，大赤道望远镜圆顶被炸弹击中，化作灰烬。因担心格林尼治观测条件恶化，天文学家宁可拆除，也不愿在战后恢复这台望远镜，直至1957年它才被重新安置在苏塞克斯郡赫斯特蒙索天文台，远离伦敦的烟雾和光污染。在那里服务了几年后，它终于在1971年回到了格林尼治皇家天文台，在秋冬两季举办的“伴星之夜”节目中供大众观测。

图为由铸铁、钢、玻璃制成的大赤道望远镜（AST0932）；
镜筒 8.2m，重 1.4t；1893 年在都柏林完成建造，
其中底座于 1859 年在伊普斯维奇完成制造。

那那·奥洛姆的旗帜

尼日利亚的伊策基里人

这是尼日利亚的伊策基里人首领那那·奥洛姆（1852—1916）的私人旗帜，他也是一位商人。伊策基里人利用所处的位置充当中间人，控制着生产商、内陆的乌尔霍布人和沿海的欧洲客户之间的棕榈油贸易。这使得那那十分富有且有影响力，能够最大程度发挥政治权力、商业影响力和军事力量。1884 年，那那接替他的父亲奥洛姆成为贝宁河总督。19 世纪后期非洲大陆的大部分地区被欧洲列强瓜分，那那与英国的关系开始恶化。为了降低贸易成本，英国商人热衷于与乌尔霍布人直接交易，而非依靠伊策基里人。1894 年，英军围攻那那的权力中心埃布罗希米，事态发展到白热化。伊策基里人的顽强抵抗迫使英国派出了更强大的部队，皇家海军“阿勒克图”号、“月神”号、“夜莺”号、“水凫”号被派往上游。随后，那那被俘，受审后被流放至黄金海岸，即加纳。最终，尼日利亚成了英国的新殖民地。1906 年，那那获准回到家乡，定居在河滨小镇科科。

这面朴素的机缝国旗很可能是英国制造的，后由伊策基里人的工匠装饰。这种类型的旗帜通常用于独木舟上。1894 年的远征中，英国海军捕获过这类独木舟。当英国的伊策基里社会文化组织的一个代表团看到那那的旗帜时，该组织的一名成员雷克斯·克拉克激动地说：“这就像家庭成员慰问阵亡士兵，我们在这里给了他温暖和认可。”那那的曾孙女贝隆夫人继续说道：“他是英帝国主义的受害者，为了保护他的人民和贸易帝国，他进行了战斗，但被英国政府打败了，这一悲剧使他成了非洲历史上前殖民时代勇敢的民族主义者之一。”这是英国国家海事博物馆藏品中为数不多的非洲旗帜之一，这些旗帜无不与争夺非洲的血腥事件以及非洲人在欧洲影响下为保持政治和经济独立所做的非凡努力有关。

图为由羊毛、亚麻制成的那那·奥洛姆的旗帜（AAA0555）；
尺寸：2388mm×4191mm；
1894 年英军在尼日利亚缴获。

皇家游艇用的海豚罗盘箱

罗盘箱是用来支撑和保护船上罗盘的外壳。这个有海豚装饰的白色镀金罗盘箱最初是为皇家“乔治”号游艇雕刻的一对实心红木罗盘箱之一。在维多利亚时期，游艇上的配件能够在船只上重复使用，这个罗盘箱还被用在“维多利亚”号和“阿尔伯特三世”号上。“阿尔伯特三世”号于 1899 年在彭布罗克造船厂下水，这是维多利亚女王多年游说的结果，她认为划桨的“维多利亚”号和“阿尔伯特二世”号不再能代表英国作为世界领先海洋大国的地位，她希望建造新的皇家游艇。此外，其他君主拥有更强大、更现代化的游艇，而拥有印度女皇头衔的维多利亚女王不愿相形见绌。游艇在建造过程中增加了太多的额外重量，因此入水时几乎倾覆。

尽管入水时并不顺利，但游艇得到了皇室的广泛使用，且深受喜爱，尤其是爱德华七世。第一次世界大战时，这艘游艇已航行 60 多次，大部分是到外国港口，最后一次航行是在 1939 年，第二次世界大战时期，它成了一艘储备船。战后财政紧缩时，翻新游艇的成本较为高昂，人们认为建造新船更为明智，于是“不列颠尼亚”号于 1953 年重新使用。1954 年，当“维多利亚”号和“阿尔伯特三世”号被拆解时，这个罗盘箱被交给了国家海事博物馆，遵循重复使用游艇固定装置的传统，它被保留下来安装在“不列颠尼亚”号的甲板上。

罗盘箱中的罗盘由凯文和詹姆斯怀特公司制造（专利号：7376）由威廉 · 汤姆森爵士，即后来的开尔文勋爵取出。该罗盘包括校正磁铁和铁球，以抵消“指南偏差”，即船舶建造中使用的铁引起的局部磁性造成的影响。如果不进行校正就没法确定准确的航向，汤姆森爵士完善了这项必要技术。

图为由黄铜、玻璃、钢材制成带有彩绘镀金的海豚罗盘箱（NAV0352）；
尺寸：1510mm × 1000mm × 670mm；
罗盘箱大约于 1817 年在德特福德制造，罗盘于 1899 年在格拉斯哥制造。

弗朗西斯·弗里斯的摄影作品

这些摄影作品是英国国家海事博物馆中的弗朗西斯·弗里斯收藏的底片冲洗出来的，摄影内容主要包括不列颠群岛周围沿海地区的地形景观。从拍摄质量和使用玻璃板负片来看，这些照片体现了摄影师的高超水平。

弗朗西斯·弗里斯（1822—1898）于1859年创立了自己的公司，主要生产高质量的明信片。虽然公司涉及的题材广泛，但很快以风景优美的地形照片而闻名。几年内，就成了世界上最大的商业摄影图片出版商。

尽管早期就成功了，但公司仍于1971年破产。国家海事博物馆购买了关于沿海和河流的1000多张玻璃底片。弗里斯的摄影作品都可以说是博物馆收藏的最好的地形摄影作品。这些作品内容涵盖了口岸、港口、度假村、海滩、湖泊、运河、河流以及这些地方的人类活动，时间是从1880年前后到1940年。虽然这些摄影对象大多是渔船、班轮、训练船等各类船只及船上工作人员，但是题材都很大程度上侧重地点。

上图拍摄于1901年，展示了宁静的康沃尔郡卢埃德优美风景。拍摄于班卓码头的岸边，从摄影师的角度可俯瞰着西卢港汉纳福路周边的房屋。照片前景中能看到多艘划艇，画面右边，三个女孩坐在码头边，看着渔夫打理他的渔船。

下图则与上图形成了鲜明对比，展示了1902年左右布莱顿的景色。这张照片是沿着国王路和海滩朝皇宫码头向东拍摄的，在图片上可以看到一些船只，明显能够看出是为了假期改装的游乐船，岸边不时可以看到拖出的绞盘。大群度假者聚集在这里，画面右边是刚刚经过码头的“布莱顿女王”号（1897）游船。

图为弗朗西斯·弗里斯的摄影作品（G3000/G3030）；
由玻璃、卤化银和明胶底片的制成印刷品；尺寸：151mm × 215mm；
1901～1902 年在英国拍摄。

76

日本防护巡洋舰“新高”号的展览模型

日本横须贺海军造船厂

日本海军造船厂建造的防护巡洋舰“新高”号模型可与20世纪初英国最好的船模相媲美，其精致的细节令人印象深刻，即使是极小的配件也十分精美，采用镀金或镀银——普遍认为这一工艺是为了在贸易展览会上吸引潜在客户。特别是这艘船模的舰桥，精美程度令人难以置信，包括快门电报、遮阳篷架、海图、罗盘和窗扇。

1910年5月14日至10月29日，日本政府为参加在英国伦敦牧羊丛举办的日英博览会准备了一套六件模型，装饰华丽的黑漆或日式表壳，并配有金色装饰。这一活动旨在改善两国间的贸易关系，展览结束后，这些模型被赠送给格林尼治皇家海军学院的博物馆。1913年，博物馆的目录中记录了这份赠礼，“作为他们对日本建造者和工程师在皇家海军学院学习期间感受到的善意和礼遇的真诚感谢”。日本海军大将东乡平八郎曾在此受训，并于1911年返回参加英王加冕礼及皇家海军阅舰式。

“新高”号是一艘小型的三级防护巡洋舰，跟1891年的英国“小天狼星”号

图为日本防护巡洋舰“新高”号的模型（SLR1334）；
比例：1∶48；主要材料：木材、金属、金、银、绳索、油漆、纺织品、玻璃；
尺寸：744mm×2852mm×936mm；1902 年在日本完成制造。

相似，但装备更精良。它建造于横须贺，长约 95 米，宽约 13.4 米，排水量为 3420 吨。舰上武器由德国设计，包括六门 6 英寸（约 0.15 米，编者注）炮和十门 12 磅炮，同时装载一台三联式引擎驱动双螺杆，能够提供二十节的航速。

“新高”号是日本最早设计的军舰之一，受到了很高评价。它在日俄战争（1904—1905）中发挥了突出作用，先在中国旅顺港参与攻击沙俄的舰队，后又在东乡指挥下参加了对马海峡的决定性战斗。“新高”号服役至 1922 年遭遇台风失事。

音乐玩具猪

这种音乐玩具猪，内置一个发条装置和音板，通过缠绕尾巴可给它上发条，令它演奏乐曲。这只玩具猪的主人是伊迪丝·罗森鲍姆，她带着它于1912年在法国瑟堡登上了一艘客轮前往美国纽约，这艘客轮就是“泰坦尼克”号。

1879年，伊迪丝出生在美国辛辛那提的一个富裕家庭。1908年，她搬至法国巴黎从事时尚和新闻工作。这只玩具猪是母亲送她的礼物，当时普遍认为猪是好运的象征，伊迪丝发誓无论在哪里都带着它。因此，当1912年4月14日“泰坦尼克”号撞上冰山时，这只玩具猪跟随她在头等舱贵宾室中。船上开始疏散时，她让乘务员去给她取玩具猪。多年后，伊迪丝回忆道，她当时并未打算离开客轮，但这只玩具猪被扔进了11号救生艇，她也只好跟着离开了。拥挤不堪的救生艇漂浮在大西洋上，她用这只玩具猪让许多蜷缩在寒冷、黑暗中的孩子们平静下来。伊迪丝·罗森鲍姆是这场灾难的710名幸存者之一。

伊迪丝在时尚业工作至20世纪30年代末，之后她四处旅行，最终定居英国伦敦。50年代，人们对泰坦尼克号的故事重新燃起兴趣，请她回忆这段非同寻常的经历。1955年，沃尔特·洛德出版了他的畅销书《此夜永难忘》，1958年，由肯尼斯·莫尔主演了同名的英国电影。伊迪丝担任了这部电影的历史顾问。1975年，95岁的伊迪丝离世，这只玩具猪被赠给了沃尔特·洛德，因为正是洛德让她与泰坦尼克号的故事得以流传。在1958年改编的电影中，特蕾莎·索恩饰演了她。2002年，洛德去世后，这只玩具猪被收入英国国家海事博物馆，一同收入的还有伊迪丝在那个“永难忘的夜晚”乘坐11号救生艇时穿的花拖鞋（见上图）。

图为由纸板、动物皮、金属制成的音乐玩具猪，麦奎蒂勋爵藏品（ZBA2989）；
尺寸：60mm × 80mm × 250mm；
1911 年制成。

78

火星仪

艾米·英格博格·布朗

这个火星仪是由丹麦天文学家艾米·英格波哥·布朗（1872—1929）制作的。这件手工制作的火星仪是她赠予科学协会为数不多的作品之一。这件火星仪所描绘的火星，看起来很陌生，它是蓝色的，覆盖着纵横交错的线条。布朗的火星仪制作于 20 世纪初，为了证明火星表面存在运河。从 19 世纪中期开始，天文学家卡米尔·弗拉马里昂、乔瓦尼·斯基亚帕雷利等，都曾提出火星上存在有意建造的运河。

布朗的火星仪是根据美国天文学家珀西瓦尔·洛厄尔绘制的“运河网”专门制作的，洛厄尔在其著作《火星及其运河》（1906）和《火星生命的居所》（1908）提到“运河网”。这些书认为火星是一颗蓝绿色和赭色的行星，植被茂盛，遍布着运河，运河汇聚成绿洲。洛厄尔认为，这些运河证明了火星上存在智慧且爱好和平的生命。他推断，火星文明一定是有智慧的，因为代表运河和绿洲的线条和节点是用于解决星球缺水问题的，火星生命必然爱好和平，因为运河网遍布整个星球，意味着相互合作。

虽然布朗在制作这些火星仪时足不出户，但她很明显参与了天文学和政治活动。火星仪底座上的铭文表明了她对火星运河的观点：劳工运动的口号——“土地自由、贸易自由、人类自由”，描述了火星社会，《主祷文》中的语句——“愿你的旨意行在地上，如同行在天上”，呼吁人类建立这样的社会。这个星球，如同大多数星球一样，在轨道上运动，也代表着社会变革。

对于布朗和火星天文学家的“运河学派”来说，后来改进的望远镜证明，他们受旧仪器所限，看到不清晰且随机标记形成图案的误导。尽管他们预想的“运

图为由纸板、黄铜制成的火星仪（ZBA5460）；直径 180mm；1909 年在丹麦完成制作。

河”理论和火星文明推断持续了很长的时间，足以启发早期的科幻作家，但这种论断本身被证明是虚构的。

79

《在格林尼治天文台寻找哈雷彗星》

威廉·希斯·罗宾逊

1909 年 11 月 17 日，这幅漫画转载于图解周刊《见闻》，记录哈雷彗星绕太阳运行 76 年后的回归。由漫画家威廉·希斯·罗宾逊（1872—1944）创作，描绘了一群科学家拼命观察这颗彗星，而彗星调皮地朝他们微笑。罗宾逊在画中创作了一个带有船舵、壁炉架和时钟的滑稽望远镜，以强调格林尼治的位置。他以对机械发明的幽默画法而闻名，1933 年被选为诺曼·亨特的糊涂蛋角色“布兰斯塔姆教授”的插画师，这位教授发明荒谬之物，其发明物通常由家居用品制成。

1909 年 9 月哈雷彗星回归，于是天文学家热切期待这一年。1835 年，科学家们第一次利用摄影和光谱学的新技术研究彗星。1910 年 5 月 13 日，哈雷彗星继续冲向太阳，最终被美国亚利桑那州洛厄尔天文台的工作人员用相机拍下。几天后，地球穿过彗星的彗尾，为天文学家提供了使用光谱技术分析彗星的光、测定其化学成分的机会。研究结果显示，在彗星岩石核周围的气体中存在有毒气体氰，氰早在几年前就在莫尔豪斯彗星上被检测到，于是曾有预言，地球将因哈雷彗星的回归而中毒。格林尼治和其他天文台的天文学家试图让公众相信地球的大气层会保护他们不受伤害，但部分人并不相信，疯狂购买防毒面具和预防药物。

哈雷彗星回归引起的恐慌并不算新鲜事。哈雷彗星最早由中国古代天文学家在公元前 613 年观测并记录下来，长久以来它都被认为是厄运的征兆。例如：公元 218 年罗马帝国皇帝马克里努斯被谋杀，还有 1066 年出现在贝叶挂毯上的倒霉英国军队。17 世纪后期，人们普遍认为彗星只经过太阳系一次，但在英国天文学家埃德蒙·哈雷（1656—1742）发现历史上对明亮彗星的观测实际上是同一颗彗星重复出现后，这种观点发生了变化。根据万有引力理论，哈雷成功地预测了

1758 年彗星的回归，这颗彗星被命名为哈雷彗星。

图为单色水彩画《在格林尼治天文台寻找哈雷彗星》(ZBA5194)；
尺寸：420mm×290mm；1909 年完成创作。

80

斯科特的南极雪橇旗

凯瑟琳·斯科特

这面南极雪橇旗曾是英国探险家罗伯特·法尔肯·斯科特船长的，由其妻子凯瑟琳（1878—1947）制作。这面旗帜的旗宽（靠近旗杆的部分，编者注）附近有圣乔治的十字架，剩余部分被水平分为上白下蓝，中央绣着斯科特家族的雄鹿头饰和棕色的座右铭："准备就绪"，叠在两条条纹的连接处。旗帜边缘是用奶油色和蓝色线绳绞成的绳索织成的。

斯科特的最后一次南极探险（1910—1912）时，他的雪橇上就飘扬着这面旗帜，这次探险是推动他于1901年开始的科学研究，并最终抵达南极点。1912年1月18日，在挪威探险队到达南极一个月后，斯科特的探险队也终于到达了南极，这面旗帜也在南极飘扬。当时极地一共悬挂了五面旗帜，除了挪威探险队和斯科特的旗帜，还有英国王后赠的联邦国旗、爱德华·威尔逊博士的妻子奥莉安娜制作的雪橇旗以及鲍尔斯承诺代表未入选的泰迪·埃文斯司令悬挂的旗帜。

1912 年 3 月，斯科特一行人未能返回探险小屋，其余人只能等到下一个南极春天再去寻找他们。11 月 12 日，在补给站以南约 17.7 千米处发现了躺在帐篷里的三名失踪人员的冰冻尸体。切瑞 · 佳瑞德在日记中写道："这是可怕的一天——一切太糟糕了，无以言表。""帐篷是从雪中挖出来的，他们移走了大量物品，包括这面雪橇旗、日记和日志、照片底片、信件、备用衣物以及从外面的雪橇上卸下来的重达 13.6 千克的地质标本。"

斯科特的套鞋也被找了回来（右上图），这双套鞋是用海豹皮做成的，侧面是帆布，鞋跟是木质的，由金属丝固定在鞋上。套鞋的磨损程度说明了他们从南极返回时经历的极端天气。当斯科特一行尝试缓慢抵达小屋时，冰雪几乎把鞋底和鞋面的皮毛都磨掉了。威尔逊和鲍尔斯去掉了竹竿，用帐篷做斯科特的裹尸布，在遗体上堆了一个巨大的雪堆和一个用滑雪板制成的十字架。救援队举行了一个简单的追悼会，然后继续往南搜寻奥茨船长的尸体。他们从斯科特的日记中了解到，奥茨船长由于身体虚弱和冻伤，不愿拖累同伴前进，出走而冻毙在暴风雪中。他的遗体始终未被找到。

图为由丝绸制成的斯科特的南极雪橇旗（ZBA1609），1910 年在英国制作；
尺寸：330mm × 840mm；在遗产彩票基金资助下拍得。

吉布森的锡利群岛搁浅船只影集

赫伯特·吉布森或亚历山大·吉布森

右侧两张照片来自吉布森的锡利群岛影集，上图是1913年5月搁浅在英国康沃尔郡蜥蜴半岛附近岩石上的三桅船“孔戴尔”号的系列照片之一。载有硝酸盐的“孔戴尔”号从智利的塔尔塔尔驶往英国法尔茅斯，航行了124天后突遇浓雾。船长亚瑟与附近一艘轮船联系并确定了位置，但当蜥蜴灯塔和安东尼灯塔都没有进入视线时他开始担心起来。21时50分，舵手发现前方黑暗中有巨浪，还未来得及改变航向，船就搁浅在巴斯角下面的岩石上了。“孔戴尔”号迅速靠船尾停泊，不到十分钟船员们就不得不弃船撤离。第二天，雾一散，船员们打捞出了部分个人物品和船上仪器。一周后，如照片显示，一场猛烈的西南偏南大风把船刮得支离破碎。

吉布森摄影集是约翰·吉布森于19世纪60年代创立的家族企业工作“档案”。完整的原始收集涵盖了康沃尔和锡利群岛的沉船、锡利赛艇、地形景观和康沃尔的生活。2013年，英国国家海事博物馆购买了与沉船有关的底片，共计1700多张，其中的大部分是约翰的两个儿子亚历山大和赫伯特拍摄的。他们在康沃尔和锡利群岛四处旅行，记录在那里失事、搁浅或打捞的船只。

偶尔，兄弟俩也会出现在救援现场。下图就是来自“卡迪夫城”号的船员被悬挂在船和海岸之间的裤形救生圈上。1912年3月，“卡迪夫城”号在英国彭赞斯附近遭遇了一场南风而搁浅，当地志愿组织赶到现场，参与营救船员。他们用火箭将缆绳从岸上发射到船上，用绞车将船上的人吊到安全的地方。第一批过河的是船长和大副的妻子，随后是轮机长和大副两岁的儿子。

吉布森家族五代人都对摄影很感兴趣，因此他们的作品集合了从19世纪70

年代到 90 年代经过康沃尔的各类船只照片，从小型渔船、划艇到大型帆船、蒸汽船、客轮和军舰。其中既有荒诞的照片，也有令人心酸的照片。

两张照片冲洗自玻璃板底片，尺寸均为 152mm × 203mm。
上图（P50714）于 1913 年 5 月下旬摄自康沃尔蜥蜴半岛，
下图（P50704）于 1912 年 3 月摄自彭赞斯附近。

企鹅玩偶庞科

庞科是赫伯特·庞廷根据对南极阿德利企鹅的摄影研究，制作的一款促销玩偶。1910～1912 年，庞廷成为罗伯特·法尔肯·斯科特船长带领的“特拉诺瓦”号英国南极考察队的摄影师，是第一位前往南极的专业摄影师。

斯科特计划继续进行 1901～1904 年“发现”号的科考工作，这次他的目标是成为第一个到达南极点的人。虽然他和其他四人在返回途中遇难，但这次探险因取得了重要的科学成果以及庞廷拍摄到了精美的照片而成功。

1910 年末至 1912 年初，庞廷（如上图庞廷的标识所示）只在那里待了 14 个月，但他曝光了 1700 多张底片和大量电影胶片。原本这些资料将在斯科特返回后制成系列讲座的视觉展示。庞廷协助科学家们研究南极的鸟类和动物，尤其是企鹅，他的照片和后来制作的纪念这次探险和斯科特及其同伴遇难的电影片段中都反映出了他对企鹅的浓厚兴趣。

对于英国国家海事博物馆来说，企鹅玩偶庞科说明了两件事：一是说明了极地探险的商业化，因为这似乎是最早与电影一起出售的商品之一。这部电影《伟大的白色寂静》（后来经过了修改和加长），讲述了斯科特最后一次探险的故事和他在南极洲进行的科研工作，同时也记录了向南极推进的准备工作和出发过程。二是说明这个玩偶激发了孩子的好奇心。虽然庞科从未去过南极，但它代表了南极，为下一代打开了极地探索的大门。

在庞廷的工作室肖像照中，有一个更大的庞科，极可能是唯一一个了。

图为由稻草、羊毛和马海毛制成的企鹅玩偶庞科（ZBA1691）；
尺寸：420mm × 210mm × 275mm；
1913 年后在英国制造。

伦纳德·赫西博士的班卓琴

亚瑟·屋大维·温莎

这把镶嵌珍珠母贝的班卓琴，其主人是伦纳德·赫西博士，他于1914～1917年担任欧内斯特·沙克尔顿爵士横跨南极大陆考察队的气象学家。

沙克尔顿尝试从威德尔海到罗斯海，经由南极点穿越大陆。他采取了双线行动的方式：一支队伍从罗斯海出发，为从威德尔海出发的队伍投放补给。然而，1914年威德尔海的浮冰极多，"持久"号被团团围住，最终沉没。船被困住时，船员们不得不耐心等待，此时，班卓琴为大家带来了轻松愉悦的气氛。沙克尔顿在其著作《南方》（1919）中回忆道：

> 下午，三只阿德利企鹅穿过浮冰走近船，赫西用班卓琴演奏着动听的音乐。这些神情严肃的小家伙似乎很欣赏这首《蒂珀雷里在远方》，但当赫西为它们演奏苏格兰音乐时，它们就惊慌地逃走了。

当"持久"号沉没时，船员们只能随身携带少量的个人物品，即使这样，沙克尔顿仍坚持带上了班卓琴。船员们到达象岛后，班卓琴变得更加重要，在沙克尔顿一行五人乘坐"詹姆斯·凯尔德"号前往南乔治亚岛寻求帮助后，班卓琴经常被用来供留守的队员娱乐和创作。沙克尔顿后来写道：

> （它）令人心情愉悦，几乎每周六晚上都会举行音乐会，每个人都

图为班卓琴（AAB0225，伦纳德·赫西博士赠）；主要材料：金属、贝母、兽皮、木材；尺寸：110mm × 950mm × 335mm；1913 年前在英国伯明翰制造。

会演唱一首关于聚会中其他成员的歌。如果有人反对其中某句话，下一周就会推出一首更难听的歌。

探险队成员和其他人在班卓琴上签下名字：欧内斯特·亨利·沙克尔顿、弗兰克·怀尔德、鲁比·佩奇·布朗、弗兰克·A. 沃斯利、L. 里肯森、乔治·E. 马斯顿、L.D.A. 赫西、A.H. 麦克林、弗兰克·赫尔利、A.J. 克尔、F.W. 爱德华兹、J.M. 沃迪、T.O. 李、C. 格林、A. 奇塔姆、R.W. 詹姆斯、L. 格林斯特里特、罗伯特·S. 克拉克、哈里·麦克尼什。

“詹姆斯·凯尔德”号上的液体罗盘

开尔文和詹姆斯·怀特有限责任公司

1914 年，欧内斯特·沙克尔顿爵士的横跨南极大陆考察队携带了这款液体罗盘，其内部配备二档调节支架和覆盖罗盘玻璃的活动护窗。这件罗盘看似不起眼，却承载着非凡的经历。“持久”号探险船在威德尔海被困 11 个月后被浮冰挤压沉没，当时从沉船中打捞出了一些帮助船员生存及逃离困境的物品，这只液体罗盘就是其中之一。

1916 年 4 月，考察队员抵达象岛后，性能最好的“詹姆斯·凯尔德”号接受了改装，准备进行 1200 多千米的航行，到达南乔治亚岛的捕鲸站。沙克尔顿（上图）挑选了五人和他穿越地球上最波涛汹涌的海域，最终他们不负众望，顺利抵达。船上的生活非常可怕，船员们总是浑身湿透，在恶臭的驯鹿皮睡袋里短暂休息，不得不时常凿掉甲板上的冰，防止船倾覆，他们还只能将炉灶放在两个船员腿脚间做饭。

这次航行，罗盘起了至关重要的作用。在无法分辨方向的黑夜中航行，全靠罗盘指引方向。尽管有烛台，但他们只有两根蜡烛。其中的短蜡烛点燃了几分钟，“在我们手掌的保护下，它闪烁的光芒帮助舵手纠正航线……不用特意吹灭它，风便代劳”。由于没有陆地为舵手指引方向，罗盘和桅杆顶上的小旗子使舵手能够利用风向驾驶船只。

他们在航行中迎来了挑战。在 16 天里，他成功地将“詹姆斯·凯尔德”号驾驶到南乔治亚岛。在噩梦般的条件下，面对如此遥远的距离，航行中极小的偏差都有可能使他们错过这座岛屿。在南乔治亚岛登陆后，沙克尔顿、沃斯利和克林在 36 小时内穿越了这座多山且没有地图的岛屿，到达了位于岛屿北岸的捕鲸站，并开始从象岛营救“持久”号留守船员。1916 年 8 月底，沙克尔顿完成了这一任务，并开始营救罗斯海一侧的考察队员。这次考察之旅，无人员伤亡。

图为液体罗盘（ZBA1610）；主要材料：玻璃、酒精、云母、木材、黄铜；
尺寸：370mm × 220mm × 220mm；
大约 1914 年在伦敦或格拉斯哥制造。

豪伯爵影集

英国皇家海军中校柯曾子爵

这张1916年初“军舰合唱团”音乐会合影，摄于“伊丽莎白女王”号战列舰上。19名海军候补军官盛装出席军舰上的演出，为原本沉闷又充满压力的生活增添了轻松和愉悦。

这张照片是海军中校柯曾子爵（1884—1964）在“伊丽莎白女王”号服役期间拍摄的389张照片中的一张。1914年12月7日至1918年9月17日，柯曾服役于这艘军舰，除了日常职责外，他还担任舰队摄影官之一，这也是第一次世界大战中出现的新兵种。

虽然主要任务是官方摄影，但柯曾在各种不同情况下拍摄了数百张“非官方”的舰上生活照。这些照片占据了他的大部分收藏，它们讲述了大型舰队中的一艘大型军舰上的生活，是一种独特而重要的社会叙事。

尽管该系列照片的内容在一定程度上偏重于军官形象，但涵盖的内容还是多种多样的。正式的集体照片比比皆是，提供了重要的历史依据。这些照片的主人公主要是军官，还包括伊丽莎白女王的赛艇队和足球队以及严肃的舰上比武获胜者，例如炮兵中的优秀射击队和装弹队。

柯曾拍摄了舰队接受正式访问的照片，包括乔治五世和伦敦主教的单独访问。他还成功拍下了授予法国海军巴里军士长（资历相对较低的船员）荣誉勋章的场景。

除了正式照片，他还拍摄了相当多的抓拍照片。由于拍摄对象有时并未意识到正在被拍摄，因此这些照片体现了温馨和亲密。这些照片的范围十分广泛，有1916年5月德兰海战后几天皇家“厌战”号遭受到可怕的战斗破坏等，也有令人好奇和有趣的场景，如船员们挤在甲板上的角落观看牧师主持的拳击比赛。还有一张照片十分温暖人心，一名年轻的奥克尼男孩自豪地炫耀着他用漂流木碎片建造的皇家“铁公爵”号战列舰的大型模型。

图为由卤化银负片冲洗出的“军舰合唱团”音乐会合影照片（N16515）；
尺寸：110mm × 160mm；
大约 1916 年摄自奥克尼群岛斯卡帕湾。

86

凯瑟琳·弗尔斯爵士的一等大英帝国勋章和星章

杰拉德珠宝公司

1917 年，凯瑟琳·弗尔斯爵士（1875—1952，见图）被授予大英帝国勋章大十字勋章和星章，她是获得此荣誉的五位女星之一。这一荣誉是为了表彰她在第一次世界大战期间组织红十字会援助分队在国内外从事护理受伤士兵工作。1917 年 11 月，由于对自己无权进行变革和改进感到不满，她辞去了这份工作。为了挽留这位优秀的管理者，政府任命她为一个新组织——皇家海军女子服务队的负责人，相当于海军少将。直到 1919 年该机构解散时，共有 7000 名成员承担着各类岸上职责。弗尔斯爵士设计了独特的制服，展示了女性在皇家海军中的作用。第二次世界大战期间，这一组织被恢复，1944 年成员规模达到峰值，有 7.4 万名成员。和平时期，组织则以较小规模保留下来。1976 年，服务队成员都在格林尼治皇家海军学院接受培训。1990 年，20 名服务队成员被选入“辉煌”号护卫舰服役。这次尝试的成功使得皇家海军女子服务队最终解散，4535 名成员分别被整合到皇家海军或海上舰队服役。

弗尔斯爵士在两次世界大战之间醉心运动，在瑞士滑雪。同时，还致力于女童军工作，成了女童军的海上向导负责人，并担任世界女童军协会主席达十年之久。

86　凯瑟琳·弗尔斯爵士的一等大英帝国勋章和星章

图为大十字勋章和星章（MED1969.1-2），主要材料：银、镀银、搪瓷、丝绸；
勋章直径：70mm，星章尺寸：80mm×67mm；
1917 年在英国伦敦制造。

87

《护卫队》(1918)

约翰·埃弗雷特

第一次世界大战期间，英国皇家海军和商船日益受到德国U型潜艇的威胁。

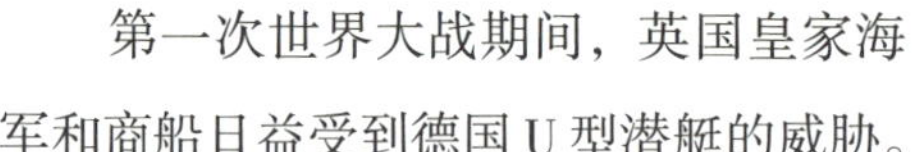

商船队维持着不可或缺的补给线和交通线，同样也维持着英国本土和作战前线的补给和交通。多产画家约翰·埃弗雷特（1876—1949）于1918年创作了油画《护卫队》，描绘了一支商船队，其中一艘船悬挂着美国国旗，船身绘制“炫目”图案。这些炫目图案是海洋和商业画家诺曼·威尔金森的作品，主要是为了欺骗敌方潜艇，让它无法掌握船只大小、轮廓和航线，从而无法判断速度和距离。

威尔金森的创作概念是在船只侧面和上部绘制视觉强烈、对比鲜明的几何图案，利用线条使船体轮廓模糊化。他向英国皇家海军发明与研究委员会说明：“这个想法并不是要让船在任何情况下都不被发现，当然这也是无法实现的，而是通过强烈的色彩对比扭曲外部形状。”在英国航运部的支持下，在皮卡迪利大街伯灵顿大厦皇家学院地下室设立了“伪装部”。男性要进行真船伪装，因此从事船舶模型炫目伪装的艺术系学生和画家大都是女性。

战时的《保卫王国法》中，在港口、海军基地等敏感区域进行未经授权的露天绘画是被禁止的行为。当时负责全国宣传的信息部找到了埃弗雷特，委托他在伦敦码头绘制宣传画。随后几周，他为船只绘制了令人眼花缭乱的图案，通常采用非传统构图，进一步体现抽象效果。1918年的《护卫队》展示炫目的不对称图案是如何利用视觉差的，尤其是倾斜的线条混淆了清晰的地平线。

约翰·埃弗雷特（上图为埃弗雷特的肖像，威廉·奥彭德绘）是一个传奇人物，他为了描绘大海和船只乘坐帆船和蒸汽船环游世界。他继承了遗产，不用靠出售大量作品为生，所以他将大部分作品（超过 1500 幅油画和素描）遗赠给了国家海事博物馆。

图为布面油画《护卫队》(BHC1387)；
尺寸：796mm×952mm；1918 年完成绘制。
1949 年由画家遗赠而来。

纪念1918年德国公海舰队投降的潘趣酒杯

明顿画家詹姆斯·埃德温·迪恩　绘制

这只罕见的潘趣酒杯装饰画是纪念1918年11月德国公海舰队在福斯湾向英国舰队总司令贝蒂上将投降而绘制的。根据停战协定，德国舰队被扣留在斯卡帕湾，代号为“ZZ行动”，代表德国投降的最后阶段。西线战斗停止十天后，德国舰队由一支近200艘军舰组成的大规模编队护送北上，组成了历史上最大规模的军舰编队。《泰晤士报》的记者在“伊丽莎白女王”号航母上报道：

> 海战的编年史都没法与我今日有幸目睹的这一令人难忘的事件相提并论。这是整个德国舰队的消亡，标志着对英国海军霸权的挑战最终失败。

在斯卡帕湾的扣留，有损德国士气，更糟糕的是食物短缺、生活单一并且无法与身在德国的亲人沟通。如何处置这支舰队在协约国间引发了相当大的争论，1919年6月21日，他们“挑选”德国精良战舰的想法破灭了。当天上午11时20分，德国海军上将路德维希·冯·罗伊特下令凿沉德国军舰，一艘艘的战舰沉入海底。

酒杯的边缘和底部都是镀金的，一根绞线将底部深蓝色与上部隔开。这幅画由英国明顿首席画家詹姆斯·埃德温·迪恩（1863—1935）绘制，画面中上方有一艘飞艇。铭文也由镀金绞线环绕，写着“海军上将大卫·贝蒂爵士指示：1918年11月12日日落时分，德国国旗必须降下，未经允许不得再次升起。”酒杯底部有制造商的标志，还有零售商的名称和地址：约翰·福特公司，爱丁堡王子街 39 号。据推测，这家销售高端玻璃和瓷器的公司不是为客户定制了这个酒杯，就是很关注这件事，希望以此吸引买家。英国国家海事博物馆于 1976 年收购了这件酒杯。

图为纪念 1918 年德国公海舰队投降的瓷质潘趣酒杯（AAA5185）；
尺寸：125mm × 245mm；
1918 年在英国特伦特河畔的斯托克完成制造。

1919 年日全食的玻璃板正片

这张照片（玻璃板正片）拍摄于第一次世界大战结束后仅六个月，改变了当时人们对宇宙的认知。几年前，物理学家阿尔伯特·爱因斯坦发表了广义相对论，他认为恒星周围的引力场扭曲了周围的时间和空间。他提出，日全食将是观测这种扭曲并证实该理论的最佳机会。当时预测，1919 年 5 月 29 日将发生一次日全食，世界各地的天文学家开始计划如何观测到日全食的最佳效果。1919 年 2 月，英国皇家天文台的两个小组出发，分别在非洲西海岸的普林西比岛和巴西北部的索布拉尔建立观测站。月球届时将直接置于地球和太阳之间，而这两个观测站都位于日食出现的狭窄地理带内。

爱因斯坦的理论预测，星光到达地球的过程中会受到太阳引力场的扭曲，但在太阳炫光下无法观测到，而在日食时能够观测到。天文学家要在日食之前、期间和之后在玻璃板上拍摄到精确的照片，看看能否捕捉和测量恒星的位置，这些位置会在整体上发生几分之一毫米的变化。为了最大限度地减少误差，他们使用了一系列安装在发条驱动器上的镜子移动跟踪太阳的光晕。

值得庆幸的是，在日食当天，索布拉尔的天气很好，拍摄了 27 张照片，其中包括图中这张，它显示了太阳表面的日珥喷发。天文学家给格林尼治发回了电报："日食非常壮观。"在大西洋彼岸的普林西比，雷雨遮住了太阳的一部分，成群顽皮的猴子在现场试图毁坏精心校准好的仪器。尽管如此，英国日食观测的总体结果大体证实了爱因斯坦的预测，这是他的理论得到验证的重要时刻。对于普林西比天文台的天文学家阿瑟·爱丁顿来说，这次观测不仅仅是一次科学上的成功。由于第九任皇家天文学家弗兰克·戴森的支持他才得以免服兵役，戴森认为，他的数学天赋就是为这项极具挑战性试验而生的理想人选。爱丁顿的成果很有说服力，他于 1919 年 12 月致信爱因斯坦，表示：“这是英德两国科学关系改善的最好契机。”

图为 1919 年日全食的玻璃板正片（AST1093）；
尺寸：255mm × 300mm；
1919 年拍摄于巴西索布拉尔。

理查德·珀金斯的影集

这张散发着神秘感的照片拍摄的是1920年3月5～29日英国皇家海军“胡德”号战列舰（1918）在北海进行蒸汽和火炮试验时高速行驶的画面。这张照片是由理查德·珀金斯收藏的一张玻璃负片冲洗而成，遗憾的是，摄影师是谁已经无从知晓了。

1904年6月16日，理查德·珀金斯出生在美国夏威夷州檀香山，是动物学家罗伯特·珀金斯及其妻子佐伊的长子。1911年，他住在英国佩恩顿，后来在德文郡度过了余生，1985年3月21日在德文郡博维特雷西的家中辞世。

珀金斯始终对英国皇家海军的舰船十分感兴趣，他大约从1925年开始在朴次茅斯和德文波特等地拍摄军舰。1930年，他是海军摄影俱乐部（一个收集英国和外国军舰摄影的协会，机构至今仍在运行）的创始成员之一。20世纪30年代初，珀金斯从商业摄影师处购买底片，当时这些摄影师的生意濒临倒闭。

1939年，第二次世界大战爆发迫使珀金斯暂停了户外活动。那时他拥有了大约3000张大型玻璃板底片，并开始用其中的大部分制作更小的复制底片。他还通过制作老照片的复刻底片扩大了收藏规模，其中包括奥斯卡·帕克斯博士相册中的许多相片。珀金斯的收藏现在由英国国家海事博物馆收录，包括1.22万张底片，主要涵盖了19世纪60年代至20世纪30年代末的舰船，被认为是这一时期皇家海军军舰照片的丰富资料。由于他从德利斯利·特里明汉姆、拉特克利夫中尉以及曼宁上尉处获得了更多底片，因此，影集收藏时段延伸到了1946年。

珀金斯还制作了八卷精确度极高且详细的外观图，展示了从“勇士”号（1860）到1939年服役的所有皇家海军船只。这些图纸详细描述了每艘船在整个航行中进行的修改及其带来的外观变化，对于识别日期和船只来说，是非常宝贵的资料，因此国家海事博物馆已将它们印刷出版便于留存。

图为玻璃底片冲印的英国皇家海军“胡德”号战列舰的照片（N722）；
尺寸：89mm × 134mm；
1920 年 3 月 5～29 日摄于大西洋北海。

“不列颠三世女士”号快艇

休伯特·斯科特－潘恩

“不列颠三世女士”号快艇建造于1933年，由著名的飞艇和快速海军攻击艇先驱休伯特·斯科特－潘恩（1891—1954）设计、制造和驾驶。20世纪30年代，他设计了海上汽艇、飞机勤务艇、鱼雷艇。《泰晤士报》在为他撰写的讣告中特别提到，“不列颠三世女士”号是同类艇的发展先驱，也是英国皇家空军海上救援的汽艇。

“不列颠三世女士”号是为挑战加菲尔德·伍德的“美国十世女士”号而秘密设计和建造的。“美国十世女士”号曾参加了哈姆斯沃思国际汽艇比赛，因这场比赛而名声大噪。

“美国十世女士”号长12米，装载四台发动机，总功率7800马力。相比之下，“不列颠三世女士”号只有7.4米长，装载一台发动机，总功率1375马力。木质和铝质船体框架外镀纯铝，可减少阻力，抵抗海水腐蚀。斯科特－潘恩还凭借阶梯式船体形状和专门设计的单螺旋桨提高速度，就连硬铝沉壳螺钉都与水流平齐。

当时，斯科特－潘恩认识到突破船体设计界限和速度限制可能面临的危险。在试航期间，“不列颠三世女士”号就有一片螺旋桨叶片脱落，穿过了驾驶员座位后部。在参加哈姆斯沃思杯比赛的返航过程中，斯科特－潘恩经历了类似状况并侥幸脱险，当时艇上的燃料油被引燃，导致发动机起火。

遗憾的是，“不列颠三世女士”号以微弱劣势败北。然而，它成了第一艘在索伦特海中航速超过161千米/小时的单引擎船。1934年，斯科特－潘恩赢得了皮埃蒙特王子杯和沃尔皮伯爵杯，以177千米/小时的速度创造了世界纪录。1951年，

图为由铝合金、木材、皮革制成的
“不列颠三世女士”号快艇（BAE0064）；
尺寸：1626mm × 8585mm × 2413mm；
1933 年在英国南安普顿制造。

斯科特－潘恩将“不列颠三世女士”号赠予国家海事博物馆，并与修复后的纳皮尔“狮子”系列 7B 一起展出。

92

水上摄影影集

海事摄影服务公司

这组照片是水上摄影的一部分，该影集共由 16505 张底片组成，主要摄于 20 世纪 30 ~ 70 年代初远洋邮轮的“黄金时代”。这张构图精美的黑白照片（上图）拍摄了停靠在威尼斯德格利斯齐亚沃尼河旁港口的新邮轮“斯特拉斯登”号。这幅照片的构图精美之处在于画面包括了可辨认的桥梁和右侧的建筑，邮轮的线条和上层设计一览无遗。

彩色照片（右图）拍摄于 20 世纪 60 年代的加拿大“皇后”号，画面中是两名参赛者在爬杆比赛中嬉闹地争夺主动权。爬杆比赛是一项非常受欢迎的赛事和观赏性运动，比赛的竞争性很强，很多邮轮都靠公布“排行榜”确定总冠军。

两张照片中，老式的静止画面与加拿大“皇后”号上生动的画面形成了鲜明对比，既体现了这一系列照片的范围之广，也展现了摄影师捕捉到的不同色调，反映出战后人们乘船游览的良好氛围。

第二次世界大战前人们受僵化的社会习俗束缚，当时照片中的人物即使是在休闲活动中也穿着古板，有意识地对相机作出反应。20 世纪 50 年代后的照片就大不相同了，体现了更大程度上的随意性和自发性，但也经过了精心布置。

同英国国家海事博物馆的其他珍藏一样，水上摄影影集很幸运地被保存下来。这是海事摄影服务公司的作品，该公司成立于 20 世纪 20 年代，为联合城堡航运班轮上的乘客提供服务。作为首家此类公司，很快就吸引了丘纳德轮船公司的白星客轮与半岛和东方蒸汽航行公司成为客户。该公司不断壮大，直到 80 年代初的严重经济衰退开始后，最终于 1994 年倒闭。大部分底片未被妥善保管。两年后，国家海事博物馆买下了其中很大一部分。

彩色图片为加拿大邮轮“皇后”号（P85862CN）；
由醋酸纤维负片冲洗；尺寸：61mm×62mm；
邮轮于1960年建造，确切位置未知。

黑白图片为威尼斯邮轮“斯特拉斯登”号（P85031）；
由纤维素－硝酸盐负片冲洗；尺寸：117mm×168mm；
邮轮建造于1938～1939年。

93

《敦刻尔克大撤退》

里查德·尤里奇

这幅画是第二次世界大战后由英国战争艺术家咨询委员会委托国家海事博物馆的画家里查德·尤里奇（1903—1992）创作的油画之一。它描绘了1940年5月20日至6月4日，英法联军从敦刻尔克大规模撤退的情景。共有366162人乘坐舰艇撤退，还有从法国北部海岸撤回英国的大量小船。

在第二次世界大战期间，战争艺术家咨询委员会委托画家创作海军和海上经历的相关作品，包括战争行动和大后方生活场景。在发起人英国国家美术馆馆长肯尼斯·克拉克爵士的主持下，国家美术馆展示这些作品以提高英国民众的士气。尤里奇意识到敦刻尔克大撤退的场面十分宏大。于是，1940年7月，他从战争艺术家咨询委员会获得了创作委托。

这幅画的视角是全景，模拟通过广角镜头或从低空飞行的飞机角度观察。画家的宽尺寸构图、精巧的细节和色彩的运用，都完整地描述了这一戏剧性场景。这幅作品的创作是通过笔记、一手资料、前一年夏天（战争爆发前）绘制的草图和照片在三周内完成的。

1940年9月7日，《伦敦新闻画报》刊登了尤里奇的作品，以从敦刻尔克港口升起的滚滚浓烟为背景，描绘了海滩上的大撤退。1940年6月，英法联军从敦刻尔克撤退引起了轰动，这张照片被用在美国海军圣诞贺卡上。1941年，在纽约现代艺术博物馆举办的展览“战争中的英国”上，这张照片既用于首页，也用于目录。

尤里奇认为自己是小威廉·范·德·维尔德和约瑟夫·马洛德·威廉·特纳的继承人，他认为“应当承袭他们的传统，丰富和记录我们的遗产”。同时，他深受克里斯托弗·伍德的朴素绘画的影响。在处理港口的战争题材和海上事件方面，他可能是重要的现代海洋画家，他的《敦刻尔克大撤退》就是很好的例子之一。1940 年 5 月，他还创作了一幅配套画作——《敦刻尔克海滩》，现收藏于加拿大国家美术馆。

图为布面油画《敦刻尔克大撤退》(BHC0672)；
尺寸：762mm × 1016mm；
1940 年完成创作。

94

《潜水员》（“潜艇”系列版画）

埃里克·拉维利斯

1940 年，英国画家埃里克·拉维利斯（1903—1942）被战争艺术家咨询委员会分配到皇家海军，并被授予上尉军衔。初期，他在查塔姆、希尔内斯、格里姆斯比和斯卡帕湾的军营里度过了一段时间。这幅版画是根据早期的素描（也收藏在国家海事博物馆中）创作的，展示了格里姆斯比（据考）一位潜水员准备在一个干船坞被水淹没的地板上作业的场景。1940 年 8 月，拉维利斯被派往皇家海军“海豚”号，在戈斯波特进行潜艇训练，这幅画就是他创作的“潜艇”系列的一部分。训练让他有机会体验画家和船员在用于训练的 L 级潜艇上的幽闭恐怖气氛。在他写给朋友，也是画家同行海伦·宾扬的一封信中，拉维利斯描述了“尝试画潜艇内部”的挑战：“我希望能取得一些成功，但工作条件很艰苦。潜艇下潜时，水下非常热，每个隔间都很小，挤满了工作人员。”

基于详细的图纸、照片和前期研究（上图），“潜艇”系列平版版画成了拉维利斯最连贯的一组展示作品。战争艺术家咨询委员会曾考虑将这些作品制作成儿童涂色书，但由于成本太高，拉维利斯只好自己出版了这组版画。

1942 年，拉维利斯被分配到皇家空军，同年夏天，他在冰岛的一次救援行动中失踪。他是第二次世界大战期间殉职的三位战争画家中的第一位。

右图为平版彩色印刷版画《潜水员》（PAD8073）；
尺寸：343mm × 305mm；
1941 年完成绘制。

《水手》（莫里斯·艾伦·伊斯顿）

亨利·马维尔·卡尔

20世纪，水手们的活动为亨利·马维尔·卡尔（1894—1970）等画家提供了创作素材，这与早期主导绘画主题的海军高级军官的作品有较大区别。卡尔画中的水手穿着普通方领水手服，头戴有不记名的“皇家海军”缎带的海军帽——这是一种战时防护措施，防止敌人知道船只的精确信息。他的右臂上戴着无线电通信员徽章，说明他是一名电报员。

在第二次世界大战期间，英国皇家海军着力提高曾经在战时被边缘化的角色地位。因此，普通士兵都由经过认证的战争摄影师李·米勒拍摄，或者由战争艺术家咨询委员会委托绘制肖像。卡尔在意大利那不勒斯担任官方战争画家时，为莫里斯·艾伦·伊斯顿（1923—2006）绘制了肖像，这是一位战时服役人员，他的本职工作是牛津郡的铁路订票员。《星期日快报》的剪报给出了伊斯顿如何被卡尔选中的过程：

> 我当时住在那不勒斯的一家酒店里，等着去科西嘉岛征兵。有一天，我走进这里，看到一排马夫正在接受卡尔上尉的检查。在我看来，这就像是一场查验身份的活动，于是我赶紧往楼上跑去，就听见一个声音喊道：“他就是我要找的人。”

1946年，卡尔在伦敦萨福克街画廊举行的战后海军艺术展上展出了这幅肖像。这幅“水手”，显然是想体现“海军的男子气概”，这种英俊、专业、直率、坚定十分吸引英国民众。这张照片也被用作该展览的海报，伊斯顿被送回伦敦后，看到自己的肖像出现在广告牌上时非常惊讶。1975 年，莫里斯·伊斯顿的一个熟人送来了上面提到的剪报，国家海事博物馆才知道这位模特的身份。

图为布面油画《水手》（BHC2675）；
尺寸：762mm×635mm；
绘制于 1944 年。

96

《300 英寸的月球地图》

休 · 珀西 · 威尔金斯，1952 年

人类用肉眼可以看到月球表面有亮暗斑纹；不借助望远镜，则无法观测到月球表面大部分细节。因此，月球测绘科学从 17 世纪早期才真正开始，那时伽利略 · 伽利莱和托马斯 · 哈里奥特等通过望远镜进行早期观测。随后的月球测绘史主要由天文学家约翰内斯 · 赫维留斯和乔瓦尼 · 多梅尼科 · 卡西尼等主导，一些敬业的业余爱好者取得了显著的成就。如 18 世纪画家约翰 · 罗素，他制造的月球仪被收藏于格林尼治皇家博物馆中（见第 118 页）；另外，还有威尔士工程师休 · 珀西 · 威尔金斯。

威尔金斯是个业余爱好者，从小就热爱天文学，对月球十分迷恋，擅长自己建造望远镜，1924 年，他完成并出版了第一张月球地图，展示了直径约为 1.5 米的月盘，十年后又绘制了直径 2.5 米的月球地图。这些成就为他赢得了天文学界的尊重，包括与他密切合作的月球观测者帕特里克 · 摩尔。1946 年，当威尔金斯被任命为英国天文协会月球部主任时，他已经在计划绘制直径 300 英寸（约 7.62 米）的月球地图。

威尔金斯的地图绘制不仅结合了当时世界上最精良的望远镜的观测结果，还结合了他几十年来对月球的观察和绘图经验，以及英国天文协会志愿者团队的观测结果。1952 年版的月球地图共有 27 张，包含了超过 8.5 万个细节特征。1959 年苏联的“月球三号”探测器传回的第一张月球背面照片，证明了对细节关注的重要性。威尔金斯补充了月盘边缘的“振动区”，苏联科学家将这一发现与近端地形联系了起来。这张地图也是美国宇航局掌握的资源之一，20 世纪 60 年代和 70 年代的载人飞船选择最适合的着陆点时这幅图起到了参考作用。

虽然如今的月球地图包括更细小的特征，并纳入了更多的数据。但在规模和绘制目的方面，威尔金斯的月球地图仍然是月球制图学的伟大成就之一，提醒着人们业余天文学家对宇宙探索也有贡献。

图为纸质的《300 英寸的月球地图》(ZBA4573)；
共有 27 张，每张尺寸：550mm × 540mm；
1952 年在英国伦敦完成绘制。

97

四桅帆船“莫舒鲁”号

肯尼斯·罗斯和唐纳德·布拉德利

20 世纪 70 年代末，由于英国没有大型四桅钢帆船模型，国家海事博物馆决定委托制造一个模型，以再现建造材料和方法，因此，这件模型十分精细，耗时八年。

最终选中四桅帆船“莫舒鲁”号是因为它代表了商用帆船设计和发展的巅峰，能够在盈利的基础上与当时的蒸汽船竞争。1904 年，这艘船由亚历山大·汉密尔顿公司在格拉斯哥港建造，长约 102 米，宽约 14 米，是当时世界上最大的帆船。船体、桅杆和船坞都由铆接钢建造而成，由金属索具支撑。船帆面积约 4180 平方米，35 张船帆由 19 名船员操作。在适宜条件下，“莫舒鲁”号的航速可达 17 节，可将所有货舱空间都留给货物。

英国旅行家埃里克·纽比在 1956 年出版的畅销书《最后一次粮食竞赛》使这艘船声名大噪。他曾于 1938 ~ 1939 年在“莫舒鲁”号上当过学徒，在这艘船最后一次载货航行中，他体验了海上生活。“莫舒鲁”号赢得了第二次世界大战前的最后一场比赛，从澳大利亚维多利亚港运载 4875 吨谷物前往爱尔兰的皇后镇仅耗时 91 天。

船模制造者面临的挑战是要按照比例准确复原材料和建造方法。首先，船体外壳使用了玻璃丝，包含 720 块钢板，需要超过 50 万铆钉组装固定，整个过程十分耗时且复杂。还有人质疑船体是否安装舱底龙骨，幸运的是，“莫舒鲁”号仍作为一艘水上餐饮船在费城使用。于是，模型制作者联系了当地的治安部门，派潜水员到水下确认了舱底龙骨的存在。桅杆和桁杆是铝制的，上有模拟的铆接电镀。绳索索具按比例铺设，完全复原了当时的方法，即在一个中心点绑七股绳索。

图为四桅帆船“莫舒鲁”号的模型（SLR0357）；
主要材料：金属、玻璃丝、钢丝、木材、纺织品、绳索、油漆、清漆；
尺寸：1650mm × 2240mm × 1815mm；
比例：1∶48；1981～1988 年在英国伯明翰完成制造。

98

《英格兰第一》

汉弗莱·奥切安

20 世纪 90 年代，博物馆委托一些重要画家进行创作，以鼓励英国当代艺术探索及反映人类与海洋不断变化的关系。

汉弗莱·奥切安在 10 月一个温暖而朦胧的日子登上了从多佛出发的轮渡，大型油画《英格兰第一》就是根据他在轮渡上的素描和照片创作而成的。用他的原话来说：

> 我受托创作一幅关于现代海上英国的画作，于是有了《英格兰第一》。我想，大部分英国人都曾坐过轮渡，轮渡如汽车一样成了常见的交通方式，就像一条漂浮的商业街。奇怪的是，当我绘制这幅画时，经常想到第一次世界大战。菲利普·拉金在诗歌《1914》中描述了一个战争无辜受害者的“留着小胡子的古板面孔”，在结束这趟一日游回到白崖时，我想起了他们。他们既没被击中，也没有死去，只是推着一车免税的啤酒和花很少的钱就能买到的三角巧克力。

奥切安的《英格兰第一》是对福特·马多克斯·布朗的作品《最后的英格兰》（1855，收藏于伯明翰博物馆）的致敬之作。《最后的英格兰》体现了 19 世纪海上的社会和国家大事，还描述了共同的经历——19 世纪 50 年代工人阶级大规模移民。在这幅画中，一位画家带着妻儿准备移民到澳大利亚开始新生活，他们牢牢盯着前方，白色的悬崖在身后退去。

奥切安这幅描绘现代海上英国的画作，也描绘了一场集体经历——法国购物之旅。他表达了海上旅行对当今英国人的意义。人们似乎对周围环境以及对彼此并不感兴趣，没有人注意到那个躺着的人，也没人在意他是喝醉了、死了，还是睡着了。按照战后英国波普艺术的传统，画家在空无一物的前景中画了一个象征日常生活的杯子，体现了人们喝不到现磨咖啡的无奈，尽管多佛的白色悬崖看起来很冷清，但仍然像图腾般占据主导地位——它是家庭和战时防御的象征。

奥切安最初的记忆画稿（第 212 页插图）上确定了最后一幅画的构图、色彩和风格，这幅画稿目前也在博物馆中。

图为画作《英格兰第一》（ZBA0739）；主要材料：布面丙烯；
尺寸：2490mm × 3100mm；
绘制于 1998 年。

《瓶中的纳尔逊战舰》

因卡·修尼巴尔（英帝国勋章获得者）

19 世纪流行一种消遣方式，即在玻璃瓶中安装装备好的船模，用棉线穿过瓶口架设预置好的桅杆。虽然这已不是秘密，但英籍尼日利亚艺术家因卡·修尼巴尔证明了“瓶中船”是一个神奇的物件，人们都被其神秘感吸引。这个超大版本的“瓶中船”里装着英国皇家海军上将纳尔逊的旗舰“胜利”号的模型，1805 年 10 月 21 日，纳尔逊上将在特拉法加海战中牺牲于“胜利”号上。模型上配备了 80 门大炮（实际舰上有近 100 门大炮），舰上的 37 面巨大风帆由图案丰富的纺织品制成，灵感来自印尼蜡染布，以当时的海战为背景。

这件“瓶中船”既富有想象力，又具有颠覆性，修尼巴尔的瓶中设计暗示了一系列历史、文化和社会政治问题，模糊了民族、设计和当代艺术的界限。使用图案丰富的纺织品代替普通的帆布，从视觉上反映了纳尔逊战胜法国和西班牙舰队。印尼蜡染布，由荷兰商人大量生产并销往西非，凭借鲜明的色彩和抽象的设计迅速成了非洲服饰和身份的象征。然而，这种纺织品带来了殖民主义、工业化、移民、文化侵略和传统发明（再发明）之间的复杂矛盾。修尼巴尔将历史和全球化联系起来，认为英国的贸易和帝国扩张是通过海上自由和纳尔逊的胜利确保的新贸易路线而实现的。

受伦敦市长的委托，修尼巴尔创作当代艺术系列作品，这些作品出现在被空置 150 年的特拉法加广场“第四基座”上。2010 年，尼日利亚独立 50 周年，这些作品揭幕后，赢得了公众的广泛赞誉。《瓶中的纳尔逊战舰》开启了对纳尔逊的生平和遗产的探索，修尼巴尔在其他作品中也进行类似探索，同时，这也是第一件直接与英国的标志性英雄和历史广场联系在一起的当代公共艺术作品。当然，威廉·雷尔顿的纳尔逊纪念柱（1840—1843）占据了主导地位。

《瓶中的纳尔逊战舰》颂扬了当代多元文化主义和英国海洋历史的多样性。当年“胜利”号上的823名船员中，有63人不是英国人。修尼巴尔表示：“对我来说，这是对伦敦民族财富的庆祝，是对许多文化和民族的宣扬和尊重，这些文化和民族仍在为英国的起帆而吹起宝贵的海风。”

图为《瓶中的纳尔逊战舰》（REG10/000343）；
主要材料：玻璃纤维、钢材、黄铜、树脂、油墨印染纺织品、亚麻索具、亚克力和木材；
尺寸：2900mm × 5250mm × 2350mm；
创造完成于2009年。

王后宫大厅的理查德·赖特作品《无题》

理查德·赖特

2015 年，格林尼治皇家博物馆委托特纳奖得主理查德·赖特（1960 年出生）为王后宫大厅绘制新的天花板壁画。大厅天花板的九幅画作最初是佛罗伦萨画家奥拉齐奥·简提列斯基的帆布画，他于 1626 年抵达英国，成为王后亨利埃塔·玛丽亚最喜欢的画家。1708 年，安妮女王把天花板上的画作送给了马尔伯勒公爵夫人莎拉·丘吉尔，后来这些独立的画作被移到了伦敦马尔伯勒故居的大厅天花板上，直到今天。

《无题》是赖特创作的最大的作品之一，这幅画的手工、细致和耗时都要求画家有极高的绘画水平和耐力。赖特采用了文艺复兴和巴洛克壁画风格，首先在纸上设计草图，再转移到石板上将图案凿穿，最后用粉笔或水彩透过图案上色，他将这种作品称为墙上或天花板上的“画作幽灵”。最后，在图案上涂糨糊、镀金。赖特及其工匠团队耗时九周，完成了这幅作品。

《无题》的创作未受刻板的分离式天花板结构限制，而是沿着大厅墙壁向下延伸。这种效果既具装饰性，又具趣味性，重现了建筑师伊尼格·琼斯所设想的高贵壮丽的王后宫，并与毗邻大厅的国王王后会见室的彩绘、雕刻和镀金天花板相辅相成。赖特的灵感主要来自标志性的郁金香楼梯扶手上的装饰，其装饰图案是树叶、卷轴和百合。在构思期间，他还对琼斯为戏剧和其他宫廷娱乐创作的舞台和服装设计感兴趣。他从新古典主义建筑师和设计师罗伯特·亚当的作品中获得灵感，亚当的天花板设计以几何图形内的精美装饰为特点。

这一作品是 2016 年王后宫 400 周年纪念活动的核心，并持续展出。

图为王后宫大厅的理查德 · 赖特作品《无题》；
主要材料：黏合剂和金箔；完成于 2015 年。

参与撰稿人

助理馆长尼克·鲍尔（Nick Ball），撰写 15、37、40、42；

图片策展人梅根·布拉德福德（Megan Barford），撰写 2、3、4、6、46、51、78；

图书档案馆经理加里斯·贝里斯（Gareth Bellis），撰写 21、39、47、50；

档案管理员迈克·倍温（Mike Bevan），撰写格林尼治皇家博物馆幕后工作、5；

世界与航海史高级策展人罗伯特·布莱斯（Robert Blyth），撰写前言、12、14、27、34、35、43、45、48、49、52、53、54、55、56、60、61、62、66、68、70、71、73、77、86、88；

历史照片和船舶计划策展人安德鲁·钟（Andrew Choong），撰写 67、75、85、92；

保护和保存负责人比尔特·克里斯藤森（Birthe Christensen），撰写格林尼治皇家博物馆幕后工作；

皇家天文台台长路易·黛沃伊（Louise Devoy），撰写 1、7、26、38、72、89；

科学史高级策展人理查德·邓恩（Richard Dunn），撰写 20、25、64、74、84；

图书管理员、采买员和编目者斯塔威·赫德（Stawell Heard），撰写 47；

格林尼治皇家天文台天文学家马雷克·库库拉（Marek Kukula），撰写 96；

“卡蒂萨克”号策展人路易斯·麦克法兰（Louise Macfarlane），撰写 69；

钟表展策展人罗里·麦克沃伊（Rory McEvoy），撰写 8、18、23、28、31、36、65；

历史照片和船舶计划经理杰勒米·米契尔（Jeremy Michell），撰写 63、74、80、81、82、83、84、91；

装饰艺术策展人苏·普里查德（Sue Pritchard），撰写 21、38、87、93、94、95、98、99、100；

王后宫艺术总监兼策展人克里斯汀·赖丁（Christine Riding），撰写 9、10、11、13、17、19、24、32、33、41、44、58；

档案管理员马丁·萨蒙（Martin Salmon），撰写 39，50；

船舶模型和船只收藏馆馆长西蒙·史蒂芬斯（Simon Stephens），撰写 22、30、59、76、91、97；

历史摄影策展专员罗伯特·托德（Robert Todd），撰写 90；

高级展览解读、策展人克莱尔·沃瑞尔（Claire Warrior），撰写 57。

索引

Z

图片版权

p.iv Marine timekeeper ‘H4’（detail；See p. 79）

John Harrison，1759

ZAA0037

p.34 Medal presented to junior flag oficers

Thomas Simon，1653

Gold；51 × 46 mm

MEC1118

p.66 Royal Collection Trust/O Her Majesty Queen Elizabeth Ⅱ 2017. Photographer：Bruce White

p.76 Bust of Francis Bacon（1561–1626），Viscount St Albans John Michael Rysbrack，1755 Terracotta；610 × 520 × 330 mm

SCU0005；Caird Collection

p.88 Portroit of o Large Dog（Dingo）

George Stubbs，1772

Beeswax on mahogany panel；610 × 711mm

ZBA5755；acquired with the assistance of the Heritage Lottery Fund；The Eyal and Marilyn Ofer Foundation（formerly known as the Eyal Ofer Family Foundation）；The Monument Trust；Art Fund（with a contribution from the Wolfson Foundation）；The Crosthwaite Bequest；The Sackler Trust；Sir Harry Djanogly CBE；The Hartnett Conservation Trust；Sheila Richardson and Anthony Nixon；The Leathersellers’ company；Gapper Charitable Trust；Genevieve Muinzer and others.

p.94 Coptain James Cook，1728–79

Wiliam Hodges，1775–76

Oil on canvas；762 × 635 mm

BHC4227；acquired with the assistance of the National Heritage Memorial Fund.

p.102 Gold ring belonging to Horatio Nelson（1758–1805）1800–05

Gold；9 × 22 mm

JEW0168；Nelson–Ward Colection

p.116 Horatio Nelson's pigtail 1805

Hair, ribbon; 25 × 190 × 114 mm REL0116;

Greenwich Hospital Collection

p.126 Jackstaff

c.1831

Wood, brass; 960 × 70 mm

AAA3958

p.128 The King's Cup

John Bridge for Rundel, Bridge & Rundel, London, 1830–31 Silver–gilt; 335 × 250 × 205 mm PLT0256;

purchased with the assistance of the National

Heritage Memorial Fund.

p.136 Shepherd Gate Clock

Charles Shepherd, 1852Metal, glass;

diameter 920 mm

ZAA0533

p.139 Union flag

United Kingdom, c.1855

Wool and linen; 1372 × 2565 mm

AAA0729; Greenwich Hospital Collection

p.148 An octopus, study for Wylie's oil painting Dovy Jones's Locker

Wiliam Lionel Wyllie, 1889

Watercolour; 240 × 342 mm

PAD0495; Caird Collection

p.160 Pair of silk embroidered evening slippers belonging to Edith Russel, worn during the Titanic disaster

c.1912

Silk; 250 × 80 × 60 mm

ZBA2988; Lord–MacQuitty Colection

p.166 A pair of sealskin overshoes reputedly found on Captain R.F. Scott's body

c.1910

Sealskin, wood, canvas, leather, twine, Iron AAA4171

p.174 Shackleton at the helm of Discovery 1905 Photographic print; 247 × 164 × 27 mm

ALB0346.6； Bernard Colection

p.178 Photograph of Dame Katharine Furse A8668-A

p.180 Herbert Barnard John Everett，1877-1949

Sir Wiliam Orpen，c.1900

Oil on canvas； 965 × 915 mm

BHC2684

p.188 Miss Britain On The Water 1933

Photographic print； 165 × 114 mm

ALB0273

p.194 Officer viewing through periscope（from the Submarines' series）

Eric Ravilious，1940

Paper，graphite，watercolour； 290 × 460 mm

PAJ0743

p.202 Original memory sketch for The First of England Humphrey Ocean，1997

Oil on paper； 508 × 687 mm

ZBA0606

p.205©Yinka Shonibare. Courtesy the artist and Stephen Friedman Gallery，London and James Cohan Galery，New York.